CHONTOCLAR

# 100 CHANSOUS DEL PAYS

(MUSICO ET DESSENS)

1929
MENDE — IMPRIMERIE SAINT-PRIVAT — MENDE

En vente dans toutes les librairies

**Prix : 10 francs. — Franco : 10 fr. 85**

CHONTOCLAR

# 100 CHANSOUS

DEL

# PAYS

(MUSICO ET DESSENS)



1929
MENDE — IMPRIMERIE SAINT-PRIVAT — MENDE

En vente dans toutes les librairies

**Prix : 10 francs. — Franco : 10 fr. 85**

# 100

# CHANSOUS

DEL

# PAYS

# MARINOU, 'SPÈRO-MI

Moderato Er : *En revenant de noces.*

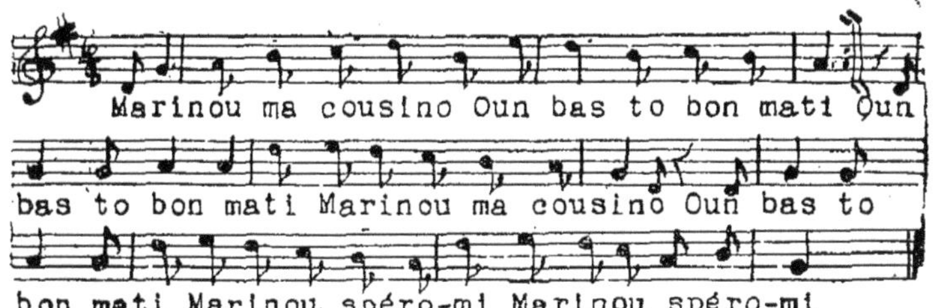


I

Marinou, ma cousino, } bis
Oun bas tont bon mati ?
Oun bas tont bon mati,
Marinou, ma cousino,
Oun bas tont bon mati,
Marinou 'spèro-mi. bis

2

Rebiro-ti, couquino, } bis
Ralharen un bouci ,
Ralharen un bouci,
Marinou, ma cousino,
Ralharen un bouci,
Marinou, 'spèro-mi. bis

3

Dejà lou temps charino, } bis
Sios lasso, arresto-ti,
Sios lasso arresto-ti,
Marinou, ma cousino,
Sios lasso, arresto-ti,
Marinou, 'spèro-mi. bis

4

Ti souono l'aubespino
Que flouris lou chami, } bis
Que flouris lou chami,
Marinou, ma cousino,
Que flouris lou chami,
Marinou, 'spèro-mi. bis

5

Nascúdo en la crespino,
As pas à ti chanci, } bis
As pas à ti chanci,
Marinou, ma cousino,
As pas à ti chanci,
Marinou, 'spèro-mi. bis

6

Sios uno bono arpino,
Per l'aubresto escalci, } bis
Per l'aubresto escalci,
Marinou, ma cousino
Per l'aubresto escalci,
Marinou, 'spèro-mi. bis

7

As roujo et belo mino,
Bouèsdouço, l'uel couqui ! } bis
Boues douço, l'uel couqui,
Marinou, ma cousino,
Bouès douço, l'uel couqui
Marinou, 'spèro-mi. bis

8

Tè ! ti bai ma troumbino ?
Hardit ! espouso-mi, } bis
Hardit ! espouso-mi,
Marinou, ma cousino,
Hardit ! espouso-mi,
Marinou, 'spèro-mi. bis

9

Ti pagarai chòupino,<br>Dilus, à Sent-Marti, } bis<br>Dilus, à Sent-Marti,<br>Marinou, ma cousino,<br>Dilus, à Sent-Marti,<br>Marinou, 'spèro-mi. bis

10

A ta maneto fino<br>Mettrai l'anel d'or fi, } bis<br>Mettrai l'anel d'or fi,<br>Marinou, ma cousino,<br>Mettrai l'anel d'or fi,<br>Marinou, 'spèro-mi. bis

11

Escouto l'aucelino<br>Que nous dis : oui, oui, oui ! } bis<br>Que nous dis : oui, oui, oui !<br>Marinou, ma cousino,<br>Que nous dis : oui, oui, oui !<br>Marinou, 'spèro-mi. bis

12

Que ni penses, cousino ?<br>Sourises ? piquo aqui, } bis<br>Sourises ? piquo aqui,<br>Marinou, ma cousino,<br>Sourises ? piquo aqui,<br>Marinou, piquo aqui. bis

# La Prièro del Pastre

**Lento** Er : *Nous sommes trois conscrits de la montagne.*

I

Aco's ieu lou pastre de la Chaumeto,
Que pel truc chonte bouon mati,
D'aici bòu fa ma prièreto :
Moun Dieu, d'amoun escoutat-mi.

2

Espère pas que tinde la campono,
Per fa lou signe de la crous.
Aqui, al pè de ma cabono,
Dabon bous toumbe à dous ginous.

3

Ieu crese en bous que sur terro tout probo,
Que regnat amoun dins lou ciél ;
Bostre noum pertout non lou trobo
Jusquo-z-al cur del pastourel.

4

Ou sabèt be, moun Dieu, que soui pas riche :
Fariò pas pastre un souguet jour.
Per bous moustra que soui pas chiche,
Bous ouffrisse tout moun amour.

5

Accourdat-mi per l'amo bostro grâço,
Et, bous ou dise sons façous,
Benesissèt moun po, ma biasso,
Moun chi, mas fedos, mous moutous.

Château de la Caze (Gorges du Tarn)

# LOU MA MARIDAT

Er : *Fualdès.*

I

Ieu per ma fenno mi founde,
Del mati jusqu'al mati :
Soui de plogne, cresèt-mi.
Souben ploure, brabe mounde,
Mouolhe fouosses mouchadous :
Cado jour m'en cha be dous.

2

Soun prenoun co's Prouserpino,
« La Merlusso » per escai.
Quond mondo 'n passo m'en lai,
Bous partajariò l'eschino.
Soubre ieu copo lous balachs :
Binto-quatre n'ai countats.

3

Nous prenguession io, moun paure,
Uei d'aco trento-sept ons ;
Ou proubariòu mous efons
Qu'aqui s'amusou sout l'aure ;
N'aben agut doso-sept ;
Tres d'un cop me n' arribèt.

4

Desumpiei fòu lou serbice,
Mi cha balaja l'ousta.
Ploume las truffos quond cha,
Et la grosso sa la trisse.
D'usses cops, ou disiet pas,
La mi cha tabé moucha.

5

Quond aco flairo à-z-òurage,
Lèu mi gare de pertout,
Per ebita cauque atout,
A la porto mi despache
De passa sons repliqua,
Qu'aco si pourriò gasta.

6

De cops endicon mi mondo ;
Tarde pas à-z-òubei,
Mousisse pas per qu'aqui :
Parte fa ço que coumondo.
Quond ausisse noum de noum,
Fugiriò sai pas ound oun.

7

Ai jamai ni sòus ni malhos,
Mi pode pas para 's chis.
Sûrament saret d'abis
Qu'aco's elo qu'o las brayos ;
Amai quond las assajèt
De pertout las espetèt.

8

Pel trabal soui pas 'n abonço.
Ai pas que miech det de bi,
Et dins lou founs d'un toupi
Uno coudenasso ronço.
Se mi plogne : Biel talos,
Sou dis, rousigo aquel os.

9

Mai ni besie coumo peiro,
L'aime tout de mêmo 'n pau,
Et l'ouffrisse d'à prepau
D'aco de ma tabatieiro ;
Et quond li prus soun nasas,
Mi fai un bon poutounas.

# JANETO

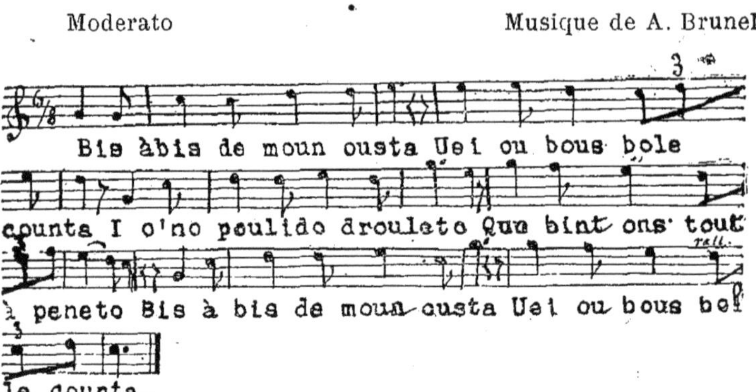


I

Bis à bis de moun ousta,
Uei ou bous bole counta,
I o 'no poulido drouleto,
Qu'o bint ons tout a peneto.
Bis à bis de moun ousta,
Uei ou bous bole counta.

2

O sous piases bloundinels,
Blu d'azur sous poulits uels ;
Es moufleto et bien miñado,
Ame gous toujours pimpado.
O sous piases bloundinels,
Blu d'azur sous pou lits uels.

3

Bai pel chon et pel pradet
Culi boutou d'or, bluet,
Myosotis et pimparèlo,
Per ni fa'n bouquet, la belo
Bai pel chon et pel pradet
Culi boutou d'or, bluet.

4

Dins sa mo benou, lou jour,
Lous aucels li fa la cour.
De bon cur lous rabiscoulo,
En lur trissen de mesoulo.
Dins sa mo benou, lou jour,
Lous aucels li fa la cour.

5.

Sas souretos, sous frairous
Li demondou de poutous,
Quond bon mati lous pounpo uno,
Qu'en risen lous amistouno,
Sas souretos, sous frairous
Li demondou de poutous.

6

Sous parents òu quatre sòus
Et dous bouos parels de biòus,
De moutous uno centeno
Et de fé la gronjo pleno.
Sous parents òu quatre sòus
Et dous bos parels de biòus.

7

Bous bo pas, ô pretenduts,
Mai qu'ajet de sacs d'escuts,
Li cha pas ni cents, ni milos,
Ni moussus, ni grondos bilos.
Bous bo pas, ô pretenduts,
Mai qu'ajet de sacs d'escuts.

8

Mès sou sabèt pas saupret
Que m'o fach lou souguelhet,
Un jour que si miralhabo
Et qu'al fenestrou chantabo.
Mès sou sabet pas saupret
Que m'o fach lou souguelhet.

9

Cado aucel aimo soun nis :
Demouraren al pays,
Ou mi diguèt la Janeto,
Hier ser, dabon sa maireto.
Cado aucel aimo soun nis :
Demouraren al pays.

Les Détroits (Gorges du Tarn).

# LOU CANDIDAT

Er : *Un jour maître Corbeau sur un arbre perché.*

I

Aco's après-demo que sou las elecious :
Es houro que sachat un pàu mas òupinious.
Se bantres mi noummat, co's segur, mous amics,
Que farai azega lous tounels adelits :
Co's ieu que soui lou candidat,
Parle tont bien qu'un aboucat,
Toutes en cur,
Cridat : Bibo l'amic Arthur !

2

Co's ieu que soui bibi lolo de Sent-Malo ;
Ai coumo qualitat d'aima lou picolo
Et sabèt toutes qu'ai de piases dins la mo.
Moun councurrent n'o pas, jamai espeliro.
Co's ieu que soui lou candidat,
Parle tont bien qu'un aboucat.
Toutes en cur
Cridat : Bibo l'amic Arthur !

3

Sabèt que soui l'amic de Moussu lou Curat
Et que m'o dich : Co's tù lou miliou candidat.
Quond mi parlet aita, co mi bailet de gous :
Sul cop l'ai proumetut un bouon plat de grautous.
Co's ieu que soui lou candidat,
Parle tont bien qu'un aboucat.
Toutes en cur,
Cridat : Bibo l'amic Arthur !

4

Sabèt que sioi pas 'n blu, mès qu'aime lou bi blon ;
Deteste pas lou rouge amai siaje d'anton.
Las coulous del drapeu las bese dins lou bi.
Se sèt de moun abis boutaret per bibi.
Co's ieu que soui lou candidat,
Parle tont bien qu'un aboucat.
Toutes en cur,
Cridat : Bibo l'amic Arthur !

5

Mi sabe tene à taulo et sioi bouon leco-plat.
Aime lou cambajou, lou sauçissot pebrat.
Se sorte, cresèt-mi, à cadu del partit
Pagarai un bouon litre emb'un poulet roustit.
Co's ieu que soui lou candidat,
Parle tont bien qu'un aboucat.
Toutes en cur
Cridat : Bibo l'amic Arthur !

6

Quond sarai counselhè, belèu mèro d'aici,
Aurai à la merio un gros tounel de bi.
Un beire pourtaret quond bourret de sinnets.
Pagaret pas lou bi pas mai que lous cachets.
Co's ieu que soui lou candidat,
Parle tont bien qu'un aboucat.
Toutes en cur,
Cridat : Bibo l'amic Arthur !

7

A l'aurelho m'o dich Gusten lou garamau :
Arthur, aco's certen, demouraras al trau.
Mès ieu, per ma rasou, bous dise, mous amics :
Lous que dins l'urno òu trach ni sou toujours sourtits.
Co's ieu que soui lou candidat,
Parle tont bien qu'un aboucat.
Toutes en cur,
Cridat : Bibo l'amic Arthur !

Eglise de Bédouès

# LA JANETOUN

Er : *La Youyette*.

I

De bon mati, la Janetoun s'arnesco, (bis)
Fai sas frisetos, soun chignou
Et met soun rouge coutilhou.

2

Et passo piei sa pus brabo raubeto ; (bis)
Met soun coulié, soun bracelet
Et lou chapel qu'o 'n fi ploumet.

3

Part al mercat qu'aco-z-es lou grond sate, (bis)
Soun coumpanage bai pourta
Per de sòuguets ni rappourta.

4

Bai bendre d'iòus et quatre toumos grassos, (bis)
De bure fres tres cougnetous,
De rebirou, de froumachous.

5

En patissen, sur l'asenou si quilho. (bis)
Quond li dis : Hi ! per s'en ana,
Bardot si mes à resquiouga.

6

Per demarra li chonto la Youyèto. (bis)
El, quond ausis aquel biel er,
Lèbo ta lèu lou nas en l'er.

7

Et marcho 'l pas, en branden las aurelhos, (bis)
Fai soun refrin : Hi ah ! hi ah !
Quond o besoun de si pausa.

8

La Janetoun, quond fouguèt près de Mende, (bis)
De Batistou ni dabalèt,
Mai d'un pè leste ni saltèt.

9

Aqueste piei bo gagna la cibado (bis)
Et biro sous ferres en l'er
Dous ou tres cops, mai que n'es fier.

10

En galoupen, lous attapèt Jan-Pierro (bis)
Qu'es cuirassiè debès Paris :
Li dis : Bonjour ! Elo souris.

11

La Janetoun, quond arribo à la bilo, (bis)
Bai estrema soun Batistou
Al Chabal Blonc, dins l'estaplou.

12

Piei, sons musa, bai sus lou Plo del Bure : (bis)
Si plonto aqui, dinc un cantou,
Per bendre bure et rebirou.

13

Coumo cliant arribèt lou Jan-Pierro : (bis)
Faguèrou pacho, amai sutiò :
El li piquèt dedins la mo.

14

Ieu sabe pas de qu'abiòu tont à dire. (bis)
Un crane briou, ralhèrou fort
Mai abiòu l'er d'estre d'accord.

15

Un mes après, Janetoun et Jan-Pierro, (bis)
Moussu lou Mèro lous unis
Et lou Curat lous benesis.

# LOU JAN-PIERRET

Bourrée Er : *O calho, bèlo calho.*

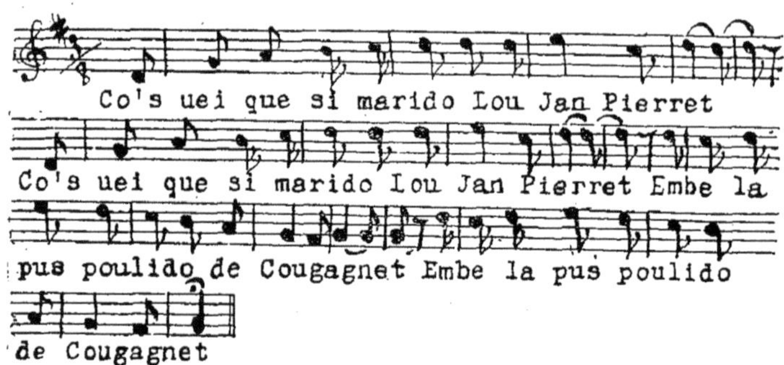


I

Co's uei que si marido
Lou Jan-Pierret, } bis
Embe la pus poulido
De Cougagnet. } bis

2

La nuech, l'o pantaisado ;
Bisquabo prou : } bis
La besiò qu'achababo
Lou cambajou. } bis

3

Per lou bout de l'aurelho
El l'attapèt ; } bis
Sul cop si derabelho
Et l'eschapèt. } bis

4

Es bloundo mai frisado ,
O d'uelhous blus, } bis
Et l'òu prou demandado
Fouosses moussus. } bis

5

Un jour uno marquiso,
Tout près del rieu, } bis
La demandèt, Louiso,
Per un filh sieu. } bis

6

Habitaret la bilo
Dinc un palai. } bis
Auret automobilo,
D'or tont et mai. } bis

7

Respouond la Louiseto,
Per s'en defa: } bis
Moun pays, ma gleiseto,
Lous quitte pas. } bis

8

Ieu faire uno dameto,
Jamai, jamai! } bis
Uno pastoureleto
Demourarai. } bis

9

Ieu languiriò, pechaire,
Sons mous moutous; } bis
De que fariò moun paire
Sons mous poutous? } bis

10

Mous fraires, mas souretos
Mi manquariòu. } bis
Dins lou prat mas bachetos
Mi cercariòu. } bis

11

Aco sarò lou chantre
Moun hòumenet. } bis
Ni bole pas un antre
Que Jan-Pierret. } bis

Source du Pècher (près Florac)

# Lou Pastissio

Er : *La Paimpolaise.*

I

Un jour Jean diguèt à soun paire :
Ieu bourriò faire un pastissiò.
Aco sariò bien moun affaire,
Toujours quicon i lequariò,
D'argent gagnario,
Co's un bouon mestio :
Aime bien lous chaus à la crèmo,
Lous jesuitos et lous biscuits ;
Mès prefère la Madelèno :
Bous ou dise franc, mous amics.

2

La Madelèno, bous assure,
Aco si fai tout simplament
Embe de sucre, d'iòus, de bure
Et d'amenlous, trissats s'entend.
De farino cha,
Si demondo pas.
Aime bien lous chaus à la crèmo,
Lous jesuitos et lous biscuits,
Mès prefère la Madelèno,
Bous ou dise franc, mous amics.

3

Es belèu la pus renoummado
La Madelèno de Paris,
Mès ba pas la que tont m'agrado,
La Madelèno del pays.
Si plai d'escouta,
Quond m'ausis chanta :
Aime bien lous chaus à la crèmo,
Lous jesuitos et lous biscuits,
Mès prefère la Madelèno,
Bous ou dise franc, mous amics.

4

I o Madelèno et Madelèno.
La miono o 'n brabe chapelou,
Coursage blonc, raubeto crèmo ;
Co's la catèto del patrou.
Sous poulits uelhets
Mi parlou souguets.
Aime bien lous chaus à la crèmo,
Lous jesuitos et lous biscuits,
Mès prefère la Madelèno,
Bous ou dise franc, mous amics.

5

L'antre jour, moun refrin chantabe,
Quond moun patrou mi dis, enquièt :
Ta Madelèno ieu la sabe,
Bai-t'en, bai t'en, triste sujet !
Mi bailèt d'argent,
Chantère en parten :
Aime bien lous chaus à la crèmo,
Lous jesuitos et lous biscuits,
Mès prefère la Madelèno,
Bous ou dise franc, mous amics.

6

Tres jours après, ou pode dire,
Lou patrou mi benguèt cerca.
Sa drolo abiò perdut lou rire,
Poudiò pas plus la counsoula.
S'escarrabilhet,
Quond m'entendeguèt.
Aime bien lous chaus à la crèmo,
Lous jesuitos et lous biscuits,
Mès prefère la Madelèno,
Bous ou dise franc, mous amics.

7

Un mes après, fasion la noço,
Amai i aguèt un fouort entrin.
Courdurats d'or, roullen carosso,
Embe elo chonte lou refrin.
Nous en fasen pas.
Tra la la la la !
Jan aimo bien sa Madelèno,
Madelèno aimo bien soun Jan.
Toutes dous lequen bien la crèmo,
Si counei pas lou pus gourman.

# LOU DALHAIRE

Er : *Maman veut pas que j'aille au bois.*

Moderato

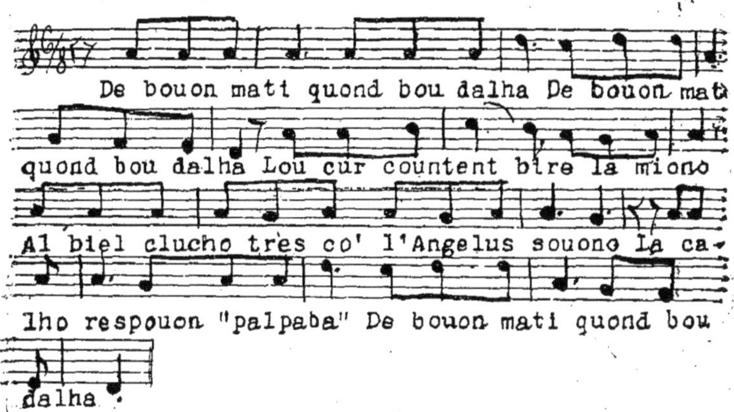


I

De bouon mati, quond bòu dalha, bis  
Lou cur countent bire la miono.  
Al biel clucho, tres cops l'Angelus sono.  
La calho respond « palpaba »,  
De bon mati, quond bòu dalha.

2

Al souguel d'or, quond espelis, bis  
Fòu un councert dins las branchetos  
Roussignols, quinsous et chardounilhetos,  
Dins la Louzèro, moun pays,  
Al souguel d'or, quond espelis.

3

La pastourèlo, al bord del rieu, bis  
Dins l'aigo claro si miralho ;  
Et quond ausis lou tin tin de ma dalho,  
Chonto, per ieu, un poulit brieu,  
La pastourèlo, al bord del rieu.

4

Elo mi dis dins, soun couplet : bis
Oui, quond l'on s'aimo l'on s'espouso,
Et nous aimen, ni sios fier, ieu hurouso :
Ou m'as dich hier, al prat Janet,
Elo mi dis, dins soun couplet.

5

Dinc un mes saren maridats, bis
Ieu responde à la Margarido,
Saren units dins l'amour per la bido ;
A parti d'uei sen fiançats,
Dinc un mes saren maridats.

Château de Carrière (près Marvejols)

# Lou Charlatan

Er : *Ah je l'attends* (ter) *celle que j'aime.*

Allegro

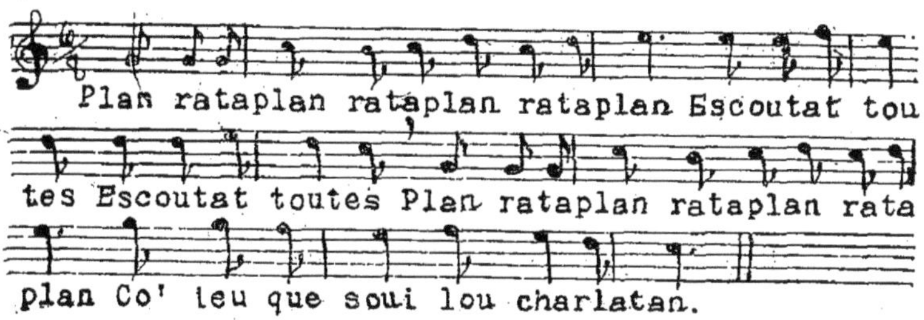


I

Plan, rataplan, rataplan, rataplan,
Escoutat toutes : (bis)
Plan, rataplan, rataplan, rataplan,
Co's ieu que soui lou charlatan.

2

Assarrat-bous que bous bole douna,
Moun brabe mounde, (bis)
Assarrat-bous que bous bole douna
Tout ço qu'aici bous bòu moustra.

3

Aiço garis lou pus fort ma de den,
Mai las arrabo ; (bis)
Aiço garis lou pus fort ma de den,
Et toumbou pas qu'en lou senten.

4

Appliquat-bous l'ounguent d'aquel poutet
Ound sèt malautes, (bis)
Appliquat-bous l'ounguen, d'aquel poutet,
De toutes lous mas gariret.

5

Et se jamai poudiò pas plus rouda
La parabèlo, (bis)
Et se jamai poudiò pas plus rouda
Ai ço que cha per bien l'ouncha.

6

Per tont que siat flemars, pode assura
Qu'aquesto poudro, (bis)
Per tont que siat flemars, pode assura,
Endicon bous farò trauca.

7

Auret jamai ni pus fi, ni miliou,
Per la moustacho, (bis)
Auret jamai ni pus fi ni miliou
Que la poumado « Delpichou ».

8

Uno pilulo ai pougut enbenta,
Mai pas sons peno, (bis)
Uno pilulo ai pougut enbenta
Qu'empacharò de trepassa.

9

Per destapa lou nas lou pus camard,
Ai boste affaire, (bis)
Per destapa lou nas lou pus camard,
Costo pas un trace de liard.

10

Ieu baile un mouolle as pus grosses fegnants
Per fa fourtuno, (bis)
Ieu baile un mouolle as pus grosses fegnants
Per fa las pèços de bint francs.

11

Prenèt, prenèt, qu'ieu bou ou bende pas,
Hommes et fennos, (bis)
Prenèt, prenèt, qu'ieu bous ou bende pas,
S'abèt bint sòus per mi douna.

# Ma belo-maire

Lento

Musique A. Brunel.

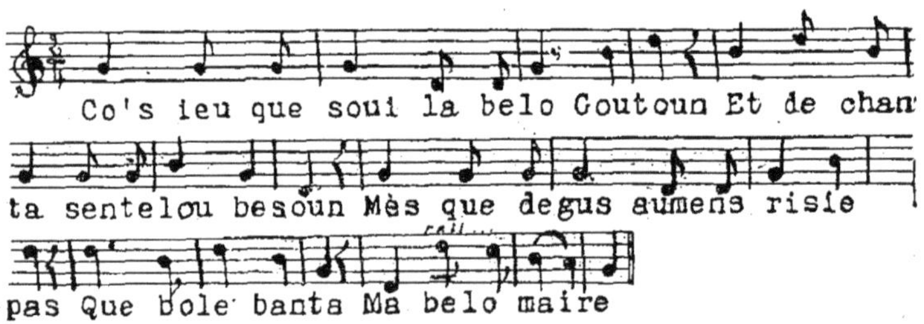


I

Co's i eu que soui la bèlo Goutoun,
Et de chanta sente lou besoun,
Mès que degus aumens risie pas,
    Que bole banta
    Ma bèlo-maire.

2

Soubre soun cap auriat bo cerca,
Troubariat pas soulament un pia,
Et se jamai sa perruquo perd,
    Bous mostro soun cuer
    Ma bèlo-maire.

3

Aime pas trop ieu de l'embrassa,
Que tout lou jour mi fariò gratta.
Sa barbo pound, mès ou disiet pas
    Que si fai rasa
    Ma bèlo-maire.

4

Se la besiat jamai rigoula,
Diriat : Segur si bai demaissa.
Et fugiriat luen de soun entour,
Quond durbis soun four
Ma bèlo-maire.

5

Cado printemps soun pitoun flouris ;
O lou pus gros de tout lou pays.
Se besiat quon roudetas de char,
O mai que sa part
Ma bèlo-maire.

6

Peso bèleu mai de dous quintas,
Et quond mi dis : Se bos un tautas,
Sul cop m'embauro et mi fai fugi
Al marchand del bi
Ma bèlo maire.

7

En carganieiro, en gasen un rieu,
Ieu la pourtère un jour bès Grandrieu,
Et coumo 'n gour mi faguèt suza
Amai prou moulha
Ma bèlo-maire.

8

Elo mi dis que dinc un toupi
Trobo miliou de bieure soun bi.
Ris coumo caco, en barren un uel.
Dabon lou tounel
Ma bèlo-maire.

9

Un jour moun home ausèt demanda
S'abiò pas bint francs per li presta ;
Lou tretèt de paure barjouquet,
    Mai de biel cougnet
    Ma bèlo-maire.

10

Un ante cop bouguet chantouna :
Plòuguet tres jours ples sons s'arresta.
Dumpiei quond bei que soun hort o set,
    Biro soun couplet
    Ma belo-maire.

La Tour d'Apcher (près St-Chély-d'Apcher)

# LA CHANSOU DE LA MAMA

Er : *Fais dodo, Pierrot, mon petit frère*

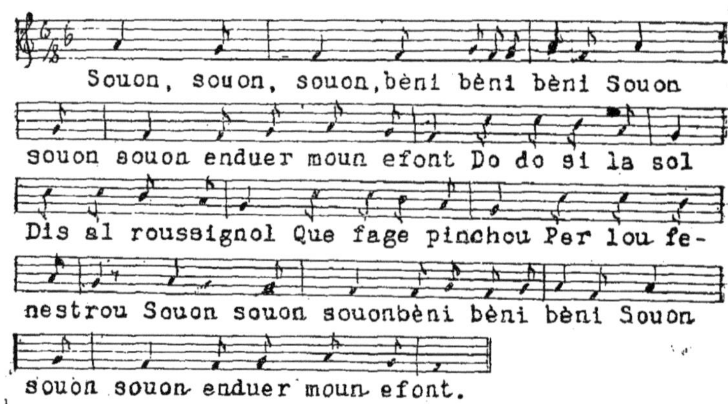


I

Souon, souon, souon bèni, bèni, bèni,
Souon, souon, souon, enduer moun efont.
Do do si la sol
Dis al roussignol
Que fasie pinchou
Per lou fenestrou.
Souon, souon, souon, bèni, bèni, bèni,
Souon, souon, souon, enduer moun efont.

2

Aucelou, beni, beni, beni,
Aucelou, enduer moun droulou.
Soubre soun bressou,
Fai li ta chansou.
Souono l'angelet,
Que duer pas nenet.
Aucelou, bèni, bèni, bèni,
Aucelou, enduer moun droulou.

3

Angelou, bèni, bèni, bèni,
Angelou, enduer moun ratou.
Poulit manidou,
Sou fai l'Angelou,
Entend lou pieu pieu
De l'aucel del Dieu.
Angelou, bèni, bèni, bèni,
Angelou, enduer moun ratou.

4

Si durmis lou mieune de drole,
Si durmis, besèt que souris,
Oh qu'es brabounet
Lou mieu de nenet !
Angelou roussel,
Lou m'as pres al ciel,
Si durmis lou mieune de drole,
Si durmis, besèt que souris.

Eglise de Chirac.

# Lou rencontre

Andantino — Er : *Isabeleto.*

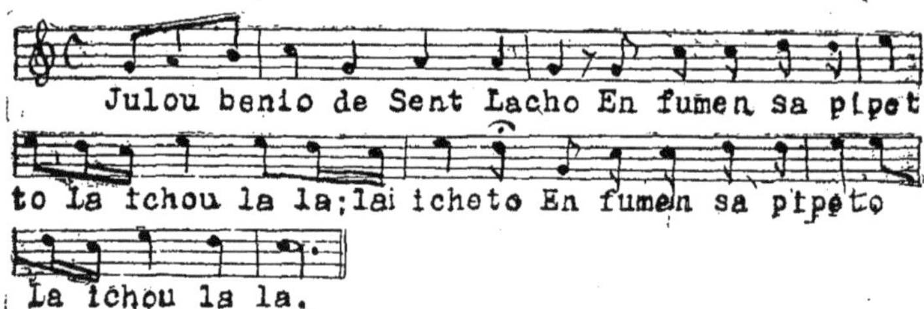


1

Julou beniò de Sent Lajo,
En fumen sa pipeto,
La ichou la la la icheto,
En fumen sa pipeto.
La ichou la la.

2

Quond rencountrèt long del chami
Sa brabo cousineto,
La ichou la la la icheto,
Sa brabo cousineto,
La ichou la la.

3

Et li diguèt: Ound partes-tu,
Cousino Marineto,
La ichou la la la icheto
Cousino Marineto ?
La ichou la la.

4

Boù al mercat bendre mous ìous,
Amai uno pouleto.
La ichou la la la icheto.
Amai uno pouleto,
La ichou la la

5

Julou l'òufriguet de mounta
Dessoubre sa saumetto
La ichou la la la icheto,
Dessoubre sa saumeto
La ichou la la.

6

Et piei per l'alsa si courbet
Li faguet eschineto
La ichou la la la icheto,
Li faguet eschineto
La ichou la la.

7

Amaï poudèt bous figura
Qu'èro 'n pau pesugueto
La ichou la la la icheto,
Qu'ero 'n pau pesugueto
La ichou la la.

8

Soun cur li fasio tico tac,
Risiò touto sougueto
La ichou la la la icheto,
Risiò touto sougueto
La ichou la la.

9

Abon Maruejo dabalèt
Diguèt : Merci, Juleto.
La ichou la la la icheto,
Diguèt : Merci, Juleto.
La ichou la la.

10

Pas qu'un merci co pago pas,
Cousino Marineto
La ichou la la la icheto,
Cousino Marineto
La ichou la la.

11

Adoun si laissèt embrassa
Soubre cado jauteto
La ichou la la la icheto,
Soubre cado jauteto
La ichou la la.

# LA MA MARIDADO

Er : *Fualdès*

I

Ieu faguère uno bestije
Quond espousère Thoumas.
Co's un paure bedigas,
Permettèt que bous ou dije,
Dumpiei m'en morde lous dets
M'en rousigue lous dets couets.

2

Dabon jour mi derabèlho,
Al liech pot pas m'endura ;
S'assaje de m'estira,
M'espesunharò l'aurelho.
Ris quond pot mi fa giba
Ou be mi despenchina.

3

Prou poulit quond lou prenguère,
Dumpiei sai pas de que fout,
Debe laje coumo tout.
L'ante jour ou li diguère,
Mes i tournarai pas pus
Qu'encaro quicon m'en prus.

4

Soui aqui que mi tourture
Per li prepara 'n bouon plat :
S'es fa gourmand coumo 'n chat,
Li cha la cousino al bure,
Res es pas jamai prou fi
Per aquel biel lequo-fi.

5

Del moument que ieu mi lèbe,
L'ause toujour roundina ;
Ou fai per m'enquiquina
Et praco per el mi crèbe ;
Co's coumo 'n bastou lipous,
Poudèt creire qu'ai ma crous.

6

La pès es pas qu'al meinage
Quond durben lou tounelet.
El s'amouro al roubinet,
A moun tour ieu mi despache
D'y faire un bouon poutounas
Al tounel mai à Thoumas.

Vieille porte
(Mende — Rue du Fournet).

# Lou Nada del Roussignol

Er : *Gai rossignol sauvage.*

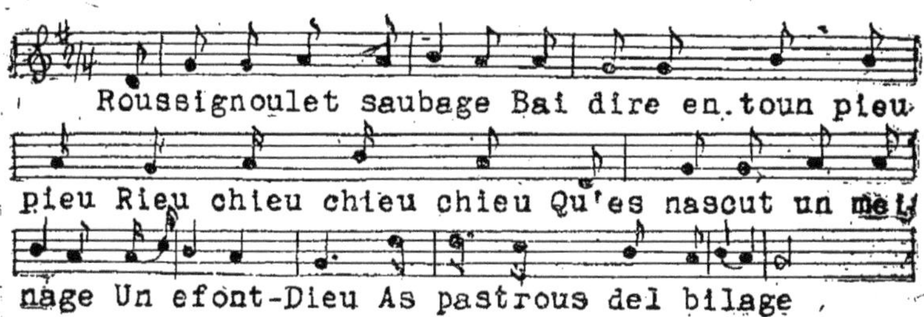


I

Roussignoulet saubage,
Bai dire en toun pieu pieu
Rieu chieu chieu chieu,
Qu'es nascut un meinage,
Un Efont-Dieu,
As pastrous del bilage.

2

Roussignoulet saubage
S'apauso en-darriben,
Boulastrejen,
Al pus nal del fuelhage,
Et gazoulhen
Coumenço soun message :

3

Pastrous d'aquel bilage
Lou bouon Dieus eternel
S'es fa mourtel.
Dins boste besinage.
L'Efont del Ciel
Espèro boste hòumage.

4

Roussignoulet saubage,
Li respond un pastrou
De bouono humou,
Se toun poulit lengage
Ero uno errou
Co sario bien dòumage.

5

Bous jure amai engage,
S'es pas brai ço qu'ai bis,
Moun brabe nis,
Mas ploumos, moun bouscage,
Moun chantadis.
Que boulèt que mai faje.

6

Dins lou paure meinage
La palho i sert de liech,
D'eschauffo-liech;
Coumenço soun bouiage
A mièjo-nuech,
Qu'aici 's pas qu'en passage.

7

Efon, siajes bien sage,
Pichot Jesus li dis
Et li souris
Ti proumete en partage
Lou Paradis,
Lou pus bel abantage.

8

El be de l'esclabage
Tira lous pechadous
Embe sa crous.
Lous sauba del rabage
Del Drac brenous,
Et lur douna courage.

9

Del Roussignol saubage
Lou poulit parladis
Aïci finis.
Quond o fa soun message
Tourno à soun nis,
Abal dins lou bouscage.

Eglise de Lanuéjols

# CHANSOU DE L'ESTIOU

Er : *La chanson des blés d'or.*

REFRIN :

Ma bruno, quond al ciel lusiròu las estouèlos,
Et qu'as aures del rieu durmiròu lous aucels,
Fugiren lous plases de las modos noubèlos,
Escoutaren chanta l'hymno des chomps roussels. (bis)

1

O clar souguel, rei de la nibou,
Pradas et chons, mounts et balouns.
A ta chalou pertout s'abibou ;
Semenes l'or à bès plampouns ;
Mirgalhes la terro fecoundo
De brabos soulados de flours ;
Darriòs tu lou benaise aboundo
Et lous paurets secou lurs plours.

2

Del froument soubre sa tigeto,
Ti salüo l'espige d'or ;
Et croucat soubre sa chambeto,
L'ordi ti mouostro soun tresor ;
La cibado fai pendilheto
Et bresso sous cascabelous ;
Lous bluets quilhou lur testeto
Per escouta lous aucelous.

3

Bladet, hier fasiòs la lebreto,
Uei ti culis lou meissouniò ;
As prou chantat ta chansouneto
Bai fa tic-tac al mouguinhò.
Pouden dire nosto prièro,
Qu'aben lou pan de cado jour,
Sen à l'abric de la misèro,
Remercien Dieu à noste tour.

Château de St-Saturnin.

Ruines du château de Castelbouc

# L'ESCAMBARLAT

Er : *Bibo lou derencat.*

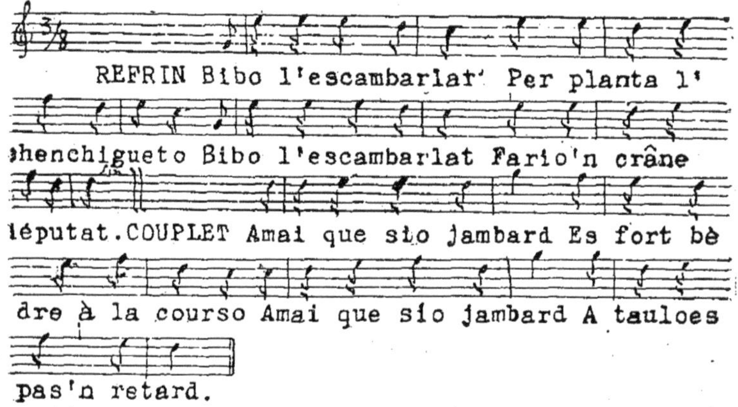


REFRIN :

Bibo l'Escambarlat
Per planta l' chenchigueto ;
Bibo l'Escambarlat
Fariò 'n crane deputat.

I

Amai que sio jambard
Es fort bèdre à la courso,
Amai que sio jambard
A taulo es pas 'n retard.

2

Donso coumo 'n grapal
Et ris coumo 'no tuèlo,
Donso coumo 'n grapal,
O grond succès al bal.

3

Quond nado dins lou rieu,
Semblo 'no cagaraulo,
Quond nado dins lou rieu
De bouos chourles ni bieu.

4

Bous cha pas li serbi
Un plat de regardèlos,
Bous cha pas li serbi
Qu'un cato-foun de bi.

5

Aimo ço qu'es ounchat,
Que groulho dins la graisso,
Aimo ço qu'es ounchat,
Surtout lou bi bouchat.

6

Si pourtèt pel coussel,
Las elecious darnieiros,
Si pourtèt pel coussel
Mai si foutiòu pas d'el.

7

Bien luen d'estre bouffet
T'aguèt toutos las bouèses,
Bien luen d'estre bouffet
Ti sort coumo 'n supplet.

8

Dumpiei lou bint de mai
Es mèro del bilage,
Dumpiei lou bint de mai
L'aben pas bist jamai.

9

Co's un ase bardat,
Mès tout marcho quand mêmo,
Co's un ase bardat.
Bibo l'escambarlat!

# Lou Boussut

Er : *La Marioun sout un poumio.*

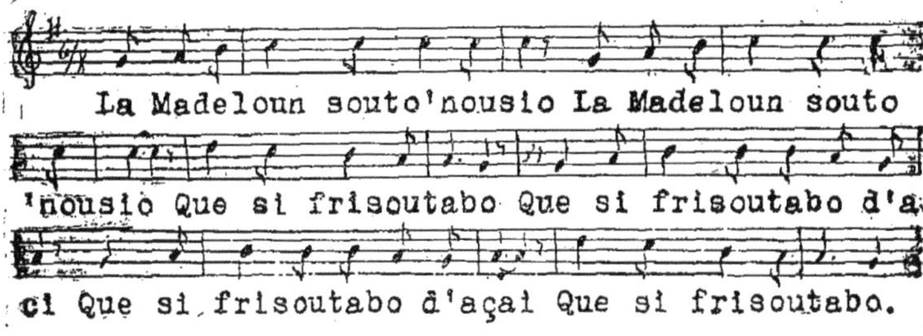


1

La Madeloun souto'n nousiò, (bis)
Que si frisoutabo,
Que si frisoutabo d'aici,
Que si frisoutabo d'açai,
Que si frisoutabo.

2

Un boussut benguèt à passa (bis)
Que la regardabo,
Que la regardabo d'aici,
Que la regardabo d'açai,
Que la regardabo.

3

— De que regardes-tu, boussut? (bis)
— Tu saràs ma mio ;
Tu saràs ma mio d'aici,
Tu saras ma mio d'açai,
Tu saras ma mio.

4

Ieu sarai ta mio d'aici, (bis)
Fòu coupa la bosso ;
Fòu coupa la bosso d'aici,
Fòu coupa la bosso d'açai,
Fòu coupa la bosso.

5

Quond la bosso aguérou coupat (bis)
Lou boussut plourabo,
Madeloun chantabo d'aici,
Madeloun chantabo d'açai,
Madeloun chantabo.

6

Oh ! ni ploures pas tont boussut, (bis)
Ni faren un antro ;
Ni faren un antro d'aici,
Ni faren un antro d'açai,
Ni faren un antro.

7

Mès quond la bosso aguerou fach, (bis)
Lou boussut chantabo ;
Madeloun plourabo d'aici,
Madeloun plourabo d'açai,
Madeloun plourabo.

8

Oh ni chontes pas tont boussut, (bis)
Es facho'am de palho ;
Es facho'am de palho d'aici,
Es facho'am de palho d'açai,
Es facho'am de palho.

# LA BOUÈS DES PIS

Er : *Il est tard, chaque porte est close.*

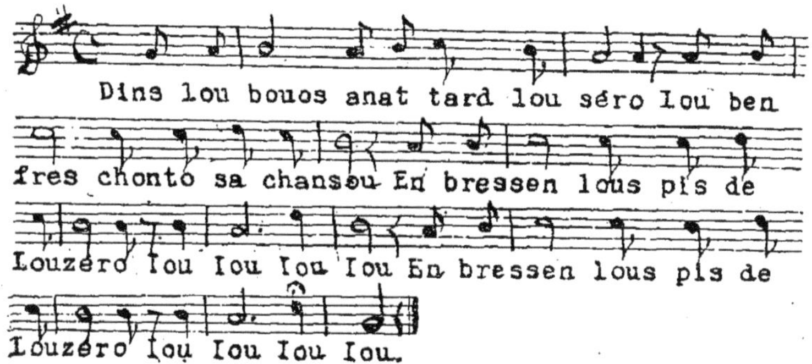


1

Dins lou bos anat tard lou sero,
Lon bent fres chonto sa chansou,
En bressen lous pis de Louzero } bis
Iou, iou, iou, iou. }

2

Bous dirò que jou'l clar de luno,
Al mouli qu'al luen fai tic tac,
Lous pastrous fiers ni birou uno, } bis
Tric, trac, tric, trac. }

3

Bous dirò que la pastourèlo
Pounpounejo soun front de flous ;
Perroutis sous agnels qu'appello } bis
Sistous, sistous. }

4

Bous dirò qu'aco's uno angeto,
Qu'à ginous, sur lou bord del rieu,
L'uel al ciel, fai sa priereto } bis
Moun Dieu, moun Dieu ! }

5

Bous dirò que sous piases frisou,
D'or encadrou soun bisajou.
Lous pastrous la sutou, li risou, } bis
Clou, clou, clou, clou !

6

Bous dirò qu'hier debes uno houro
S'estouffèt soun poulit chinou.
Tont l'aimabo que toujour plouro } bis
Perlou, Perlou.

7

Bous dirò que la Margarido
Jan benguèt lèu la counsoula,
Parlèt tont bien que si marido. } bis
Tra la, la, la.

# LOU PÈRO NADA

Musique A. Brunel.

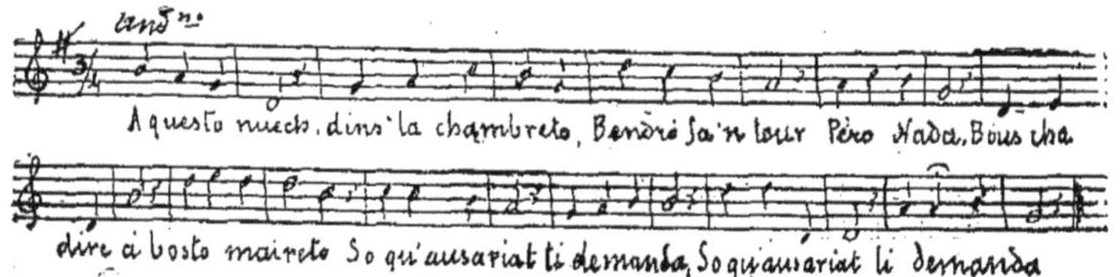


I

Aquesto nuech, dins la chambreto,
Bendrò fa 'n tour Pèro Nada.
Bous cha dire à bosto maireto
So qu'ausariat li demanda. *(bis)*

2

MARINETO

Ieu li demonde uno petito,
Emb'uno raubo et 'n damanta.
L'appellarai ma Margarito ;
Aimariò que pouguès parla. (*bis*)

3

BAPTISTOU

Qua sap se, dins cauquo boutiquo,
Troubariò pas al Paradis,
Un crane chabal mécaniquo,
Per mi passeja pel pays. (*bls*)

4

GILBERTOU

Ieu boudriò bien uno moustreto.
Que non i ausiguès lou ratou,
Emb'uno brabo chadeneto,
Que lusiriò, moun giletou. (*bis*)

5

ANDRENOU

Un poulit pifre ieu demonde,
Aco sarò pas bien pesuc,
Musicarai, et bous responde
Que l'ausiret amoun pel truc. (*bis*)

6

LOUISO

Coumo co's ieu la pus grandeto,
Al bouon Jesus demandarai
Que nous doune uno antro soureto :
En la garden li chantarai. (*bis*)

7

Fasèt bien bosto priereto,
Clutat lous uels, mous efontets,
Et quond faret la durmideto,
Dieu garnirò lous escloupets. (*bis*)

8

Un aucelou co's fouort proubaple
A Dieu dieuguèt ou rappourta :
El accourdet, n'es bien capaple,
Tout ço qu'ausèrou demanda. (*bis*)

Ermitage de Sainte-Enimie (Dessin de A. Brunel

# LA PACHO

Er : *Taissou, tiro l'araire.*

I

— Rosa fasen la pacho,
Emb'ieu pares perdras.
Dijo, quond boles de ta bacho,
Et m'en soubredemondes pas.

2

— Al cours d'uei, ma bacheto
Ba bien binto cinq cents.
Et pos l'espefida, Juleto,
Que li monco pas jes de dents.

3

— Per tu, tè ! binto quatre !
Rosa, sarro te'n sai.
Per cent francs nous charriò pas battre ;
Piquo aqui, tè ! s'aco ti bai.

4

— Nou, nou, pa'n sòu ni gare,
Pourriò fa binto sieis.
De la mouse, sabes, mi carre
Gueito mi s'o pa'n brabe pieis.

5

— Fai li fa quatre passes,
Beiren se trousso pas.
Bole pas croumpa de petasses,
Piquo aqui, nous cha partaja.

6

— T'en tire uno pistolo,
Rapport à tu Julou.
Mès la bendre aco mi desolo,
Qu'o de lach mai d'un plen selhou.

7

— Sioi pas un rembalhaire,
D'argent ti bòu baila.
Puisqu'aben fach un bon affaire,
A l'auberjo anaren trinca.

8

— Que plogne ma maruèlho !
Julou, te pos banta
Que t'ai bendut uno merbelho :
Co's la flou de tout lou fieira.

9

— Per ieu, co's be de beno
De fa pacho de rei.
Mes badrio mai pacho de reno,
Se Rosa de bouon uel mi bei.

10

— Julou, ço que bos dire
Rouseto i o pensat.
Despiei fort lountemps ou desire :
Dabon Dieu piquo aqui, moun rat !

11

— A tu moun cur, Rouseto !
Toujour bole t'aima.
Bailo mi bite ta brasseto,
Per dansa 'no brabo polka.

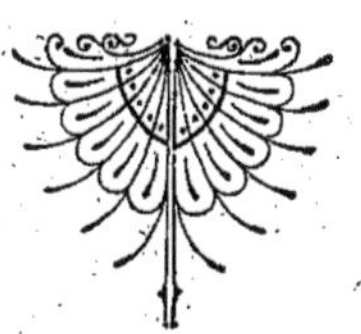

# Lou garçou d'hounou

Allegretto — Er : *Lou maridon petit.*

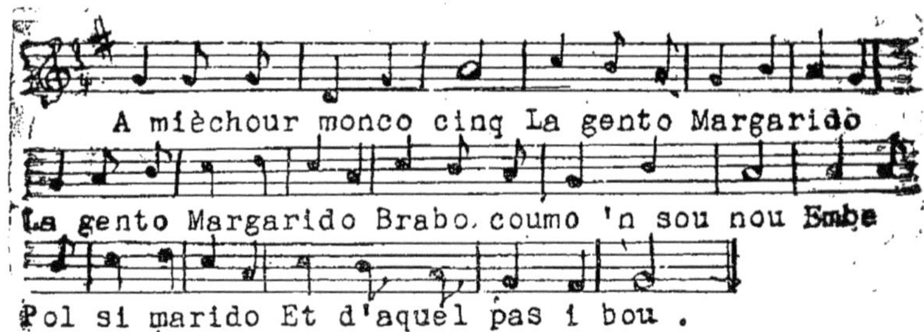


I

A mièjour monco cinq,
La gento Margarido, (*bis*)
Brabo coumo 'n sòu nòu,
Embe Pol si marido,
Et d'aquel pas i bòu.

2

Soui lou garçou d'hounou,
Ai mous effets de festo, (*bis*)
Et mi soui parfumat
Des pèses à la testo :
Bous en set b'abisat.

3

Aurai à moun coustat
Uno scarabilhado, (*bis*)
La Jano de Titou :
Co's be la miel moullado
De tout nostre cantou.

4

Quond auren prou chontat
Begut et fach la festo, (*bis*)
Dirai as coubidats :
Embe Jano qu 'es lesto
Anen fa 'n tour pes prats.

5

Anaren toutes dous
Amassa la biouleto, (*bis*)
Lou long del carreirou ;
La mettrò la drouleto
Soubre soun coursajou.

6

Escoutaren ralha
Cauquo chardounilheto, *bis*
Joucado sul fraisset,
Que countarò floùreto
Al poulit quinsounet.

7

O poulits aucelous,
Farò Janeto, quouro, (*bis*)
Quouro sarò moun tour ?
Diset-mi s 'es pas l'houro
De ieu pensa ' l'amour.

8

Lou sero dansaren
La polka, la bourrèio, (*bis*)
Per coumble de bounhur
La Jano, n'ai ideio,
Mi dounarò soun cur.

Château d'Arigès, près Florac.

# MAMA MAMA

Cantabile

Er : *Rappelle-toi.*

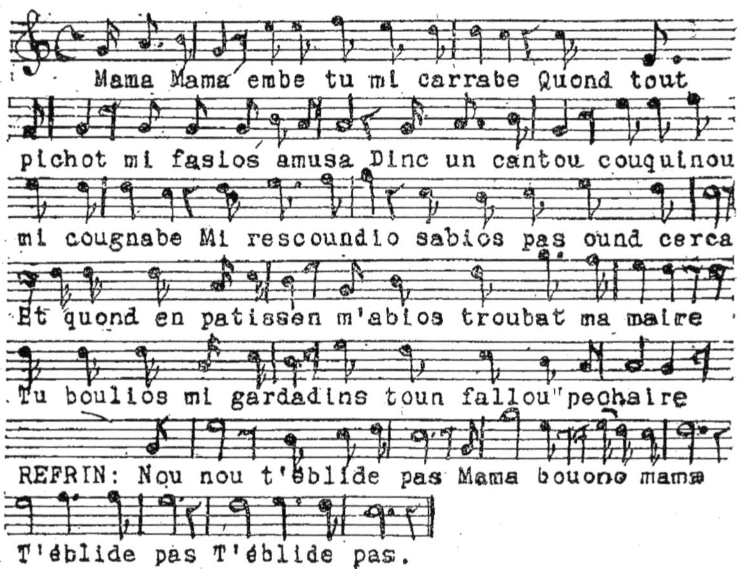


Refrin :

Nou, nou, t'eblide pas,
Mama, bono mama,
T'eblide pas (*bis*)

I

Mama, Mama, embe tu mi carrabe,
Quond tout pichot mi fasiòs amusa,
Dinc un cantou, conqùinou, mi cougnabe,
Mi rescoundiò, sabios pas ound cerca ;
Et quond en patissen m'abiòs troubat, ma maire,
Tu bouliòs mi garda dinc toun fallou " pechaire "

2

Mama, Mama, un sero mi cridères,
Ou dubiò be surament merita.
Dinc tous brassous apiei mi counsoulères,
En de poutous, coumo sabiòs lous fa.
Ti risio, mi risiòs, et sourisiò moun paire.
En mi pausen al so, mi diguères : " pechaire "

3

Mama, Mama, qu'aquel mot es aimaple !
Repeto lou soubens, o manidou,
Per ta mama nou sajes pas eisaple,
Pus tard, pus tard demandariòs perdou,
Couneisseriòs adounc de que-z-es uno maire ;
En l'entendent noumma toun cur diriò : " pechaire ".

4

Mama, Mama, tout moun corps mi frissouno,
Quond moun efont dis toun noum tont poulit,
Mama, mama, del ciel amoun pardouno
Toun Jan-Pierrou uei paire d'un manit ;
Coumprend, aro surtout, de qu 'es un cur de maire,
De qu'as pas fach per el, oh oui ! moun Dieu " pechaire "

5

Mama, Mama, ieu lou rebese encaro
Toun corps glaçat, effregit per toujours ;
End y pensen, moun cur fremis, si barro,
Bourriò ploura, mès sou tarits mous plours.
Counsoulat-mi, moun Dieu, remplaçat-mi ma maire,
S 'abiò pas boste amour de que fariò : " pechaire ".

6

Mama, Mama, oh qu'es aco peniple,
Pel darnio cop d'embrassa sa mama,
Per si quitta, moun Dieu, qu'acòs terriple !
Si cha ploura son pouire s'aıresta ;
Et quond l'on bei cata dinc un lenço sa maire,
L'on dis en sanglouten : Pauro mama, " pechaire ".

7

Mama, mama, eblide pas ta festo.
Toujour, cado on, ta toumbo reflouris,
Piousament bene courba la testo,
La larmo à l'uel, dise un De Profundis,
Et quond lou bon Dieu bei que prèje per ma maire,
El dieu mi benesi : n'ai bien besoun " pechaire ".

8

Mama, mama, quond sounarò moun houro,
Dabalaras del ciel per mi cerca.
Quond la mama per soun efont emplouro,
Nou, lou bon Dieu pot pas res refusa,
Mi mettrò d'alos d'or per bouga 'mbe ma maire,
Amoun al Paradis, diren pas pus " pechaire ".

# La chansou de las b odos bluos

Maestoso Er : *Belle rose.*

Fier peyson à blodo blu-o Chonto, chonto toun pays, La Louzero;
Chonto, chonto toun pays Et lou blat que te nourris

I

Fier peysôn à blodo bluo, (bis)
Chonto, chonto toun pays
La Louzero,
Chonto, chonto toun pays
Et lou blat que ti nourris.

2

Toun gogno-po co's la charruo (bis)
Que ti lauro tous selhous,
En Louzero,
Que ti lauro tous selhous
Et ti plonto lous planchous.

3

Marches soubre un fi tapis d'herbos, (bis)
I rudèlou tous efons
En Louzero,
I rudèlou tous efons,
Sout l'or rouge des couljons.

4

Tu, toun tresor aco's tas gerbos (bis)
Et la mouto del palhò,
En Louzero,
Et la mouto del palhò
Que toun bestia buttarò.

5

Lou drapèu de Françο t'enbito (bis)
A salua sas coulous,
En Louzéro,
A salua sas coulous :
Tu que l'as fach glourious.

6

Pendent l'estiou, la Margarito (bis)
Poutounèjo, pes bladets,
En Louzéro
Poutonnéjo, pes bladets,
Coucoulicots et bluets.

7

Sejo, froument, ordi, cibado (bis)
Ame gous semenaras,
En Louzéro,
Ame gous semenaras,
Darrios tous biòus chantaras.

8

Benesisset, moun Dieu, l'annado. (bis)
Faset que soun pichot gro,
En Louzéro,
Faset que soun pichot gro
Benie soun moucel de po.

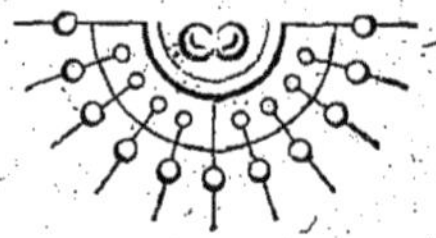

# Lou ma foutut

Allegro — Er : *J'ai un pied qui remue.*

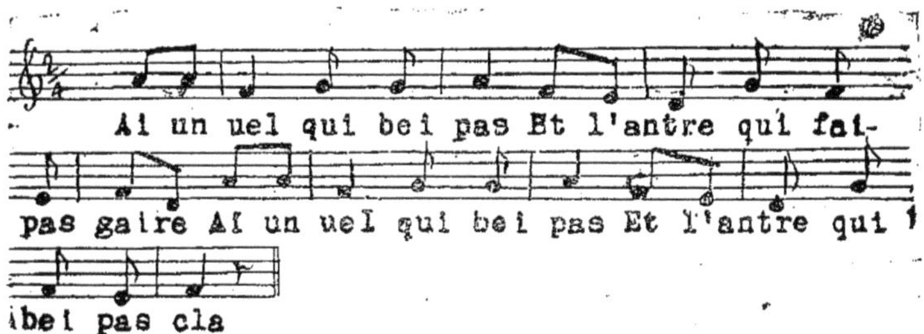


I

Ai un uel qu'i bei pas,
Et l'antre qu'i fai pas gaire ;
Ai un uel qu'i bei pas
Et l'antre qu'i bei pas cla.

2

Ai lou cap tout ploumat,
Que lusis coum'uno glaço ;
Ai lou cap tout ploumat,
Coumo se l'abiòu rasat.

3

Ai lou nas de trabes,
Pas al miech de la figuro ;
Ai lou nas de trabès
Et foutut tout de guingouès.

4

Ai lou ginoul plecat,
Rodo pas la parabèlo ;
Ai lou ginoul plecat,
Lou rume lou m'o croucat.

5

Ai un crane raumas,
Mai l'ai attapat sons courre;
Ai un crane raumas
Tussisse coum' un rabas.

6

Endicon ai bien ma,
Soui ple de flourous, mous paures ;
Endicon ai bien ma,
Pode pas plus m'asseta.

7

Soui pas gaire boussut,
Mès n'ai ben uno ideieto ;
Soui pas gaire boussut,
Soui encaro mens coussut.

8

Al cerbel ai quicon,
Belèu cauquo bestiouneto ;
Al cerbel ai quicon,
Bous belèu n'abèt be tont.

9

Lou gousiè mi prusis,
Co m'i bailo toujours d'arsi ;
Lou gousiè mi prusis :
Fai mi bieure que mi dis.

10

L'arpiounet del pè drech,
S'achagouno pas, pechaire ;
L'"arpiounet del pè drech
Es toujour jagat de frech.

11

Lou doutur mi diguèt :
Gariras de lantre caire,
Lou doutur mi diguèt :
Tu sios pas foutut dafèt.

Statue de Duguesclin à Châteauneuf-de-Randon

# Lou testamen de Catin

Andantino

Er : *Le Juif errant.*

I

Catin de Tricotraco
Faguèt soun testament,
Aco de Micomaco
Lou noutari d'Arzenc.
Escoutat un moument,
Se sèt un pau parent.

2

Baile ma tabatieiro
A moussu lou Curat;
Al founs de la pastieiro
Troubarò lou tabat :
L'en laisse dous kilos
Et tres ou quatre hectos.

3

Al pus joube bicari,
Qu 'es toujour sourisen,
Li doune moun rousari
Mai cauque pau d'argent :
Prejarò per Catin
Per qu 'onie pas alin.

4

Al prumio que rigolo
En ausissen aiço,
Baile ma brabo miolo
Mai un bouon saucisso :
Que si derenge pas
Qu'ou li bendròu pourta.

5

A Jan de Gargamelo,
Moun miliou neboudet,
Lègue moun escudèlo
Amai lou tounelet,
Lou toupi descouetat,
Et lou ferrat traucat.

6

Lou Pol de Pecolèbre
Aurò lou biel fusil,
Un poutet de ginièbre
Et lou pichot baril ;
Se bol ana chassa
Auro ço que li cha.

7

Pol de Quincopasuno
Pouirò si marida
Qu 'à Marjano sa bruno
Ieu li bole laissa
Ma penche, moun chignoun,
Moun rouge coutilhoun.

8

Ou dise amai redise,
Defende espressament
Que Jon de Cerconise
Benie à l'enterrament ;
Mi fariò rigoulà,
Lou mounde ou pendriòu ma.

9

Baile à moussu lou Mèro
Moun garri, ou moun chi.
El qu 'es un rastaquouèro
Aurò de que chausi.
Aro abon de sinna
Laissat m'un pau moucha.

# LOUS PRUMIOS ESCLOTS

Er : *Ainsi font font font les petites marionnettes.*

I

Escoutat, droulets,
Del papet la chansouneto ;
Escoutat, droulets,
La chansou des escloupets.

2

Mous prumios esclots
Coumo mous uels lous counserbe,
Mous prumios esclots,
Oh ! moun Dieu, que sou pichots !

3

Co's à Chastelnòu
Que mous parents lous croumpèrou,
Co's à Chastelnòu
I o septant'ons, n'ai bien pòu.

4

Abiòu coustat, nòus,
Jesses uei ou bourret creire,
Abiòu coustat nòus
Uno pèço de bint sòus.

5

Per lous fa dura,
Moun paire i mi mettèt d'aspros,
Per lous fa dura,
Ieu pè nut bouliò marcha.

6

Mous esclots disiòu
Trico traco, trico traco,
Mous esclots disiòu
S'i bas pas tu, ieu i bòu.

7

Mes al bout d'un mes
Eles fasiòu chico chaco,
Mes al bout d'un mes
Abiò lous pèses al fres.

8

Cha pas eblida,
Un ser mi diguèt ma maire,
Cha pas eblida
Que demo co-z-es Nada.

9

D'un birat de mo,
Lusens fasiòu jàu de beire,
D'un bira de mo.
Mous esclots èrou'n chabiò.

10

Diguère : o moun Dieu,
Lou ser quond m'anère jaire,
Diguère : o moun Dieu,
Lous esclots cirats sou mieus.

11

I m'aguèt mettut,
Lou pichot Jesus qu'es riche,
I m'aguèt mettut
De sucets m'ai un escut.

Ruines de la Garde (Albaret-Sainte-Marie)

# LOU BENEZET

Er : *En passant dans un petit bois.*

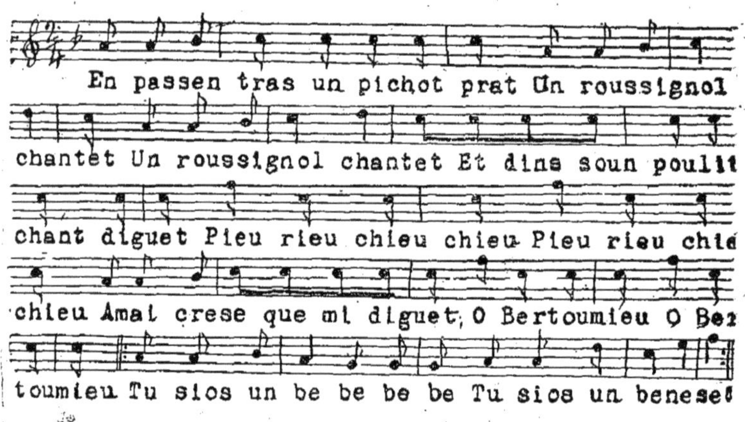


I

En passen tras un pichot prat,
    Un roussignol chantèt, (bis)
Et dins soun poulit chant diguèt :
    Pieu rieu chieu chieu; (bis)
Amai crese que mi diguèt :
    Oh Berthoumieu, (bis)
Tu sios un be be be be,
Tu sios un benezet. } (bis)

2

Fòu tres passes un pau pus luen,
    Et trobe « Baptistou » : (bis)
En mi besen, moun asenou
    Faguèt hi ah ! (bis)
Et mi diguèt : moussu Julou,
    Cha salua, (bis)
Tu sios un be be be be,
Tu sios un benezet. } (bis)

3

Rencontre après, soubre lou pont,
Moussu lou medeci (bis)
Et l'affourtisse que... pardi !
Que bòu pèri (bis)
Mi dis to lèu, per mi gari,
Fai toun chami, (bis)
Tu sios un be be be be, } (bis)
Tu sios un benezet. }

4

End ariben dabon l'ousta,
Mi dis moun perrouquet : (bis)
Tu n'as cargat un bouon plumet
As toun paquet. (bis)
Et finis aita soun couplet :
Paure Julet, (bis)
Tu sios un be be be be, } (bis)
Tu sios un benezet. }

5

Et ma fenno quond mi beguèt
Mi benguèt amassa; (bis)
M'accrouquèt à soun damanta
Per demarra, (bis)
Amai per miel mi counsoula
Diguèt aita : (bis)
Tu sios un be be be be, } (bis)
Tu sios un benezet. }

# LOU ROUSSIGNOL

1

Rousali, Rousali, Rou Rou Rou Rousali,
Lebo-ti, lebo-ti ti ti ti ti ti ti
Ane zou, bite zou zou zou bite zou bite
Se que de nou ti quitte, oui ti quitte oui ti quitte,
Bailo toun cur, cur, cur, à Dieu, Dieu, Dieu.
Rieu pieu pieu rieu pieu pieu rieu chieu chieu ch. ch. chieu

2

Aco's toun pretendut Pol Pol Pol Pol Pol Pol
Qu'hier mi serinèt : Roussignol, roussignol,
A criqueto del jour, trai un cric à ma belo ;
Dis-li de si leba ; Rousalinou s'appèlo,
Es à l'oustaguet bert qu'es nòu nòu nòu nòu nòu
Mès li fasies pas pòu pòu pòu pòu pòu pòu pòu.

3

Dijo-li, dijio-li de sourti, de sourti,
Qu'aici, qu'aici qu'aici l'espère pel chami,
Chonto li, chonto li dabon sa fenestreto,
Bequo-li bequo-li sa roujeto jauteto.
Ai fa' ma coumissieu ; adieu adieu adieu,
Rieu pieu pieu tieu tieu tieu rieu chieu ch. ch. ch. chieu.

Ruines du Tournel

# LOUS AMICHS

Er : *En voilà un.*

I

A l'Escut d'or,
Chez Massador,
Souguet Leon
I bieu soun bi blonc :
Sio dous, sio sec,
Fai pas'n plec.

2

Benguèt Bincent,
En fredounen,
Dis à Leon :
Pago dounc quicon,
Uei fi del mes,
Co's permes.

3

End arribent
Tout juste à pouent :
Ai de tabat,
Sou fai lou Pribat,
Lou trento un,
Fòu de fun.

4

Sen reunits,
Lous bouos amics;
Cado dilus,
Noste got nous prus :
L'anen gari
Embe de bi.

5

Buben un cop,
Toutes al cop,
De bi blonc dous
Qu'es bien pus goustous
A la santat !
Fai Pribat.

6

De bouos beirous
Buben ni dous,
Sons haguena,
Amai sons cluta,
Pel gro de sa
Fa passa.

7

Fasen ni tres,
A beires ples,
Quatre mai cinq,
Quond saren en trin ;
Amai be mai
Se nous plai.

8

Aro n'ai prou,
Sou fai Pierrou.
Ai trop chourlat,
Sou dis à Pribat,
Bese rouda
Tout l'ousta.

9

Per lou plenchat,
Noste Pribat,
A resquiougous,
Cerco lous cantous.
Dabon un trau
Fai roumiau.

10

Et lou Leon
Crido qu'o fon.
Tout lou pourta
Li cha per passa.
Bai à Pekin
Qu'es pas luen.

11

Partis Bincent,
En t antalhen,
A la paret
Cerco 'n roubinet
Tras un poutèu
Fai calleu.

# QUANTE ZE PARTIS

Er : *Quand je partirai, ma belle mère.*

I

Quante ze partis pour le serbice,
Quante ze partis,
Z'étais mari,
Z'étais le mari de la belle Aphrodice ;
Celle qu'à z-un canari (*bis*)

2

Z'étais le papa fier, ze peut dire,
Z'étais le papa,
Trois fois déjà,
De garçons gros, gras, qui ne faisaient que rire
Et léchaient fort bien les plats (*bis*)

3

Les quitter sitôt z-avais de la peine,
Les quitter sitôt,
Z'avais l' cœur gros,
Comme un artichaut qu'au jardin se sérène :
Ça c'était pas rigolo (*bis*)

4

Mais ce qui pour moi fut le plus triste,
Mais ce qui pour moi
Me fit un froid,
Ce fut quand, ma foi ! ma belle mère Nyste
M'embrassa cinq à six fois (*bis*)

5

De me voir partir soute les armes,
De me voir partir
La fit blèmir.
De la voir souffrir je versas forces larmes,
Ze manquas m'évanouir (*bis*)

6

Me voyant pleurer, la brave femme,
Me voyant pleurer,
Elle fut d'un trait
Dans sa profonde et m' donna, cette belle âme.
Son zoli porte-monnaie (*bis*)

7

Ze la rembrasse en reconnaissance,
Ze la rembrasse, en
Lui souriant,
Z-ydis tendrement : Z-en ai ti de la chance !
Z-en ai z-un soulagement. (*bis*)

8

Dans ma poch' j'ai mis le porte monnèye,
Dans ma poch' j'ai mis,
Oui mes amis,
Rien qu'un sou petit : ce fut toute ma paye.
Ze suis bel et bien rousti. (*bis*)

Eglise de Nasbinals

# La maire de las trouchos

Largo Er : *Jean, prends garde à toi.*

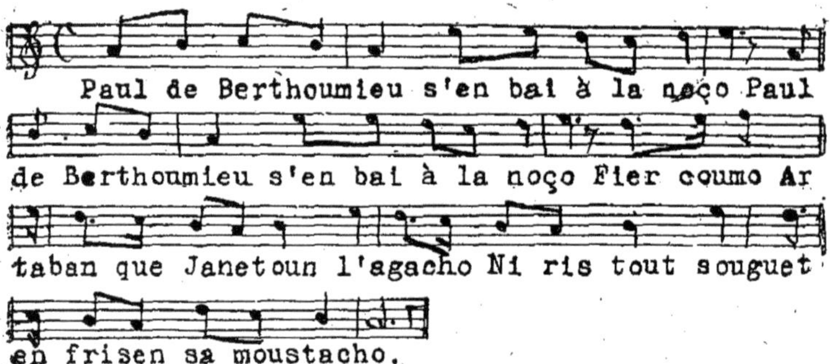


I

Pol de Berthoumieu s'en bai à la noço (bis)
Fier coumo Artaban, que Janetoun l'agacho,
Ni ris tout souguet en frisen sa moustacho.

2

En finten al pouont, beguèt uno troucho (bis)
Grosso coumo un tros ; co-s èro be la maire,
Sûrament, pensèt, ou be belèu lou paire.

3

Baï souna lou Jon, lou pus fort peschaire, (bis)
Queste arribo al trot, en ni'suzen, pechaire,
Tout affaguenat, bien sûr, de soun affaire.

4

Metteguèt al croc uno saltarèlo, (bis)
Et, sons perdre temps, li traseguèt la ligno
Amai coumo cha, qu'aqui toujours s'apigno.

5

La troucho saltèt sutiò sur l'amouorço, (bis)
Et tont fort tirèt que li jimblèt la ligno.
Per miel tene cop, al mur Jon s'arapigno.

6

Anabo gagna d'un pau mai la troucho ! (bis
Quond beguèt aco, Pol prend Jon per la besto,
Tirou toutes dous amai sou pas de resto.

7

Et toutes al cop, sul fia de la ligno, (bis)
Tirèrou tont fouort que la troucho couquino
En laschen lou croc lous fai peta d'eschino.

Château de Ressouches, près Chanac

# Las bacanços

Er : *Vivent les vacances.*

1

Bon Dieu, quonto chanço,
De parti 'n bacanço,
D'un pè ni salten
Et toutes ni risen.

2

A mestre et mestresso,
Fasen la proumesso
De pas nous en fa
Et de bien rigoula.

3

Manden à las pignos
Lous berbes, las lignos,
Las coumpausicious,
Toutos las punicious.

4

Counjugua lou berbe,
Co's èro superbe,
Preferen musa ;
Co si coumparo pas.

5

Faren à la cligno,
Et pas uno ligno
De nostes debes,
Abon la fi del mes.

6

Gardaren las fedos,
Saltaren las cledos,
Courreren pes prats,
Pes trucs et pes balats.

7

Un moucel de tolo,
Ou 'no casseirolo
Al chi penjaren,
Et piei rigoularen.

8

Pas uno secoundo
Laissaren la roundo :
Toujours biraren,
I nous eblidaren.

9

Aro que sen libres,
Rescounden lous libres
Amai lous cahiès.
Bibo lous escouliès !

# LA RÉCRÉACIOU

Er : *La Sainte Catherine malachinbounboun.*

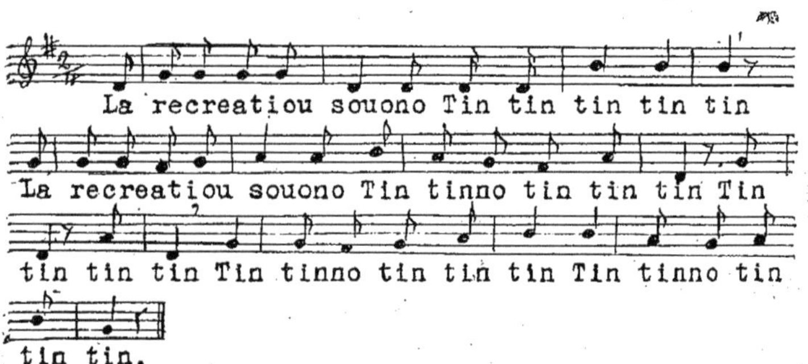


I

La recreaciou souono
Tin tin tin tin tin.
La recreaciou souono
Tin tinno, tin tin tin,
Tin tin tin tin
Tin tinno tin tin tin. (bis)

2

Anen un quart d'houreto,
Uei farandoula ;
Anen un quart d'houreto,
Toutes farandoula
La la, la la
Toutes farandoula. (bis)

3

Fasen à la musico,
Diguèt lou Justen,
Fasen à la musico,
Nous diguèt lou Justen
Ten ten ten ten
Nous diguèt lou Justen. (bis

4

Ieu jougarai del pifre,
Lou Jon del pistoun.
Ieu jougarai del pifre
Et lou Jon del pistoun
Toun toun, toun, toun.
Et lou Jon del pistoun. (bis)

5

Janet en las cymbalos
Faro bim, bim, bim.
Janet en las cymbalos
Faro bim, bim, bim, bim,
Bim, bim, bim, bim,
Bim, bim, bim, bim, bim, bim. **(bis).**

6

Pol sur la chicaboumbo
Faro poum, poum, poum.
Pol sur la chicaboumbo
Faro poum, poum, poum, poum,
Poun, poun, poun, poun,
Poun, poun, poun, poun, poun, poun, **(bis)**

7

Louis sur lou triangle
Faro tin, tin, tin.
Louis sur lou triangle
Faro tin, tin, tin, tin,
Tin, tin, tin, tin,
Tin, tin, tin, tin, tin, tin. (bis)

8

Sur lou tambour lou Jacques
Faro plan, plan, plan.
Sur lou tambour lou Jacques
Faro plan, rata plan,
Plan, plan, plan, plan,
Rataplan, rataplan. (bis)

9

Félis embe la fluto
Faro flut, flut, flut,
Félis embe la fluto
Faro flut, flut, flut, flut,
Flut, flut, flut, flut,
Flut, flut, flut, flut, flut, flut. (bis)

10

Luc en las castagnetos
Faro cla, cla, cla.
Luc en las castagnetos
Faro cla, cla, cla, cla.
Cla, cla, cla, cla.
Cla, cla, cla, cla, cla, cla. (bis)

11

Per remercia lou mestre
Nous faro bravo !
Per remercia, lou mestre,
Faro bravo, bravo,
Bravo, bravo,
Bravo, bravo, bravo ! (bis)

Château du Champ, commune d'Altier.

# Lou Toumas

Er : *La polka je ne veux que ça.*

I

Aime bien, ieu, lou bouon rata,
Mai la soupo (bis)
Aime bien, ieu, lou bouon rata,
Mès encaro miel Maria.

2

Mès ou li dire, ause pas,
Sioi timide (bis)
Mès ou li dire ause pas,
Que boulèt l'on si fai pas.

3

Un mati qu'èro sul biel pouont,
Mi pensère (bis)
Un mati qu'èro sul biel pouont
Tu li bas dire quicon.

4

Mas dents pas pus lèu à claqua ;
Co's tarriple, (bis)
Mas dents pas pus lèu à claqua
Et mas chombos à trembla.

5

Dire un sul mot ai pas pougut ;
Coi la foutro, (bis)
Dire un sul mot ai pas pougut,
Mi sioi troubat tout coucut.

6

Mi diguèt : Moun paure Toumas,
Sios malaute ; (bis)
Mi diguèt : Moun paure Toumas,
Oh moun Dieu, qua sap de que-z-as.

7

Sul cop, mous paures, n'ai pallit ;
Mai lou pire, (bis)
Sul cop, mous paures, n'ai pallit,
M'òu dich qu'abiò estabousit.

8

Parei que m'o fa prou senti
De binaigre, (bis)
Parei que m'o fa prou senti
D'éther per mi rebeni.

9

Dinc un bouon liech m'aguèrou mes,
M'abisère, (bis)
Dinc un bouon liech m'aguèrou mes,
Ni fouguère fort surpres.

10

Aici semblo pas toun ousta,
Mi diguère, (bis)
Aici semblo pas toun ousta,
L'on diriò lou de Maria.

11

Tallament que mi couffiguèt,
Mai sa maire, (bis)
Tallament que mi couffiguèt
Qu'aiço m'eschapèt dafèt :

12

Se tu boulios, t'espousarai,
Brabo drolo, (bis)
Se tu boulios, t'espousarai
Et nous quittaren jamai.

13

Elo mi diguèt : Piquo aqui,
Tu m'agrades, (bis)
Elo mi diguèt : Piquo aqui,
Ieu sarai toun medeci.

# La Poutingo

Er : *Ma de bentre passo-mi.*

I

Zigo zago lou Pierret
O cargat un bouon ploumet.

2

Paupo, paupo long del mur.
S'en bai trouba lou Douctur.

3

Couontre la pouorto o durdat
Mai sul nas s'es prou nafrat.

4

Piei l'esquinlo tont tiret
Que d'un cop tout arrabet.

5

Mè sutiò lou medeci
Arribet per li durbi.

6

De que-z-as, paure Pierret,
Qu'as semenat toun beret.

7

Ma de cap, bese pas cla,
Et tout rodo dins l'ousta.

8

Mas chombos mi tenou pas,
Ai ebejo d'eschampa.

9

Dijo mi de qu'as manjat,
De segur auras pintat.

10

Ai manjat un castagnou
Emb'un trace de rougnou.

11

Ai ajustat un beiret
De noste famus gamet.

12

Et apiei crese qu'ai pres
Douos foulhetos beleu tres.

13

De tres sieis un pau fourtet,
Pas qu'un tout esciassounet.

14

Ieu bòu sutiò ti gari,
Li diguèt lou medeci.

15

Ti baile quicon de bouo,
Ou mette sur lou papio.

16

Partiguet en zigzaguen
Chez lou pharmacien Liouren.

17

La poutinguo 'ndabalèt
Crese que faguèt effèt.

18

Quond rebei lou medeci,
O ebejo de boumi.

Château de Montvaillant (près Florac.)

# Carilhoun de Nada

Moderato Er : *Les anges dans nos campagnes.*

Refrin :

Glo o o o o o din doun din doun din o o o o o ria } *bis*
In excelsis Deo

I

Din, din, din, serres et plonos,
Din, din, doun, din, co's uei Nada,
Doun, doun, doun, chanten camponos
Doun, doun, din, doun, lou Gloria.

2

Din, din, din, embe las anjos,
Din, din, doun, din, anuech disen
Doun, doun, doun, nostos louanjos
Doun, doun, din, doun, al Dieu naissen.

3

Din, din, din, jous l'aubespino,
Din, din, doun, din, ô quinsounet,
Doun, doun, doun, de ta bouès fino,
Doun, doun, din, doun, bir' un couplet.

4

Din, din, din, dinc un estaple,
Din, din, doun, din, lou Rei del Ciel,
Doun, doun, doun, nai miseraple,
Doun, doun, din, doun, si fai mourtel.

5

Din, din, din, dins las gleisetos,
Din, din, doun, din, acampat-bous,
Doun, doun, doun, pastoureletos,
Doun, doun, din, doun, et bouos pastrous.

6

Din, din, din, brabat sons crento,
Din, din, doun, din, per preja Dieu,
Doun, doun, doun, nèu et tourmento,
Doun, doun, din, doun, frech et temps bieu.

7

Din, din, din, à cado angeto,
Din, din, doun, din, Dieu efontou,
Doun, doun, doun, fai sa riseto,
Doun, doun, din, doun, mondo 'n poutou.

8

Din, din, din, lous pastrous bressou,
Din, din, doun, din, l'Emmanuel,
Doun, doun, doun, d'anjous caressou,
Doun, doun, din, doun, soun pia roussel.

9

Din, din, din, pastouro gento,
Din, din, doun, din, pos t'assarra,
Doun, doun, doun, la Bierjo Sento,
Doun, doun, din, doun, bo t'embrassa.

10

Din, din, din, de sa maneto,
Din, din, doun, din, Dieu benesis,
Doun, doun, doun, Bierjo et pastreto,
Doun, doun, din, doun, pastre et pays.

# L'EMMALURAT

Largo — Er : *Adieu, Alexandrine,* **adieu.**

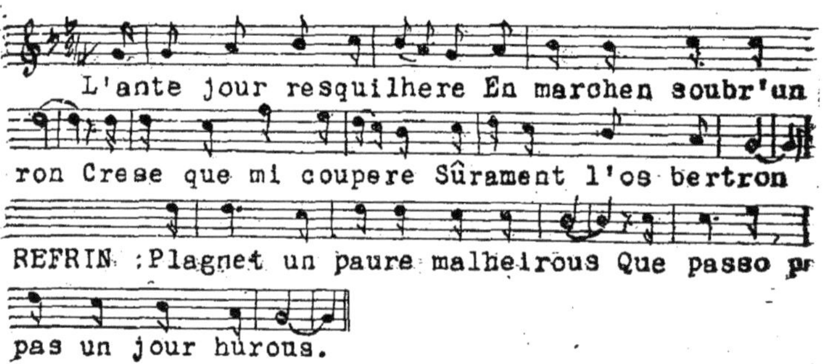


REFRIN :

Plagnet un paure malheirous,
Que passo pas un jour hurous.

I

L'ante jour resquilhère,
En marchen soubr'un ron ;
Crese que mi coupère
Sûrament l'os bertron.

2

Un sero dins l'estaple,
Girgoussabo Felis,
Mountet lou miseraple,
Soubre moun agasis.

3

En leben uno peiro,
M'attapère lou det,
Saltèt la pel prumieiro
Mai un floc del det couet.

4

Un cop dabon la glaço,
Boulio mi miralha,
En mi buten, Ignaço,
Mi faguèt denasa.

5

Abio ni sòus ni malhos :
Un trace de chinet,
De mi moulha mas brayos
Aguèt pas lou taupet !

6

Al bonc sur l'esplanado
Lesisio lou journal ;
Per fa 'no rigoulado,
I mettet fioc Pascal.

7

Co-z-es à la caserno
Qu'aguere aqueste affrount :
Mi tretet de baderno,
Un qu'abio qu'un galoun.

8

Dabalabe uno eschalo
Quond un baroul petet,
Ramassère une palo,
M'abimère dafet.

9

Per un cop qu'assajère
De resquilha sul rieu,
Dins l'aigo mi trempère :
Boudieu, quonto emoucieu !

10

Un jour à ma cousino
Li grattabe lou nas ;
Aquelo becassino
Mi foutèt un tautas.

11

Aici co's la dernieiro
Que mi faguèt lou Pol :
Mi garèt la cadieiro,
M'assetere pel sol.

12

Hier demandère al Blase
De lach per dejuna ;
Mi dis bai teta l'ase :
N'aguère un plen deda.

# Lou Perruquiè

Er : *Un jour maître corbeau.*

I

Ieu soui lou perruquié que rasarò gratis
Quond troubaròu pas pus d'andoulhos pel pays.
Mi farai pas paga, co's ieu que pagarai,
Mai beleu lou pia fouol bien cher lou croumparai.
Ieu m'en fòu pas bantres tabe,
En bous rasen, prene plase
De bous chanta
Tra la la la deridera

2

Benèt bite assaja ma famuso enbenciou.
Bous bòu passa 'l suquet uno bouono frictiou.
Sentiret lous effets de moun " Aigo del Lot ")
Et mi diret après se soui pas qu'un bardot.
Ieu m'en fòu pas bantres tabe.
En bous rasen, prene plase
De bous chanta
Tra la la la deridera

3

Quond sourtiret d'aici poulit coumo 'n sòu nòu,
Las drolos darrios bous si desartelharòu.
Et que siat brun ou blound, tont lur agradaret
Qu'abon la Sent Silbestre un partit troubaret.
Ieu m'en fòu pas. bentres tabe,
En bous rasen, prene plase
De bous chanta
Tra la la la deridera

4

Se bous abiò poussat de piases dins la mo
Per toujour, bous respounde, ieu lous bous garariò
' M'un ounchet de pesoul que fai grateto et prus ;
Mè que gratto soun prus fai pas tort à degus.
Ieu m'en fòu pas bantres tabe,
En bous rasen, prene plase
De bous chanta
Tra la la la deridera.

5

Ni rase dous al cop sons trop mi fatiga,
L'un embe lou rasou, l'ante embe lou parla ;
Tabe m'òu surnoummat " Brayeto lou rasur ".
N'io que disou de cops que soui pas qu'un farçur ;
Ieu m'en fòu pas bantres tabe,
En bous rasen, prene plase
De bous chanta
Que toutes mi faset suza.

Eglise du Monastier

# La bilheto

Allegretto Er : *Nous aurons du pain sur la planche.*

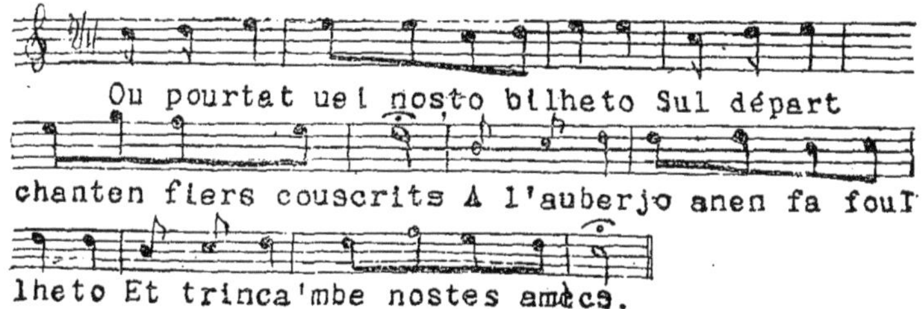


I

Ou pourtat uei nosto bilheto.
Sul depart, chanten, fiers couscrits;
A l'auberjo anen fa foulheto
Et trinca 'mbe nostes amics.

2

Sen bersats, d'usses dins la flotto,
Embarquen dimenche à Bourdèu,
Lou drapèu de la Franço flotto
Sul grond mat de noste batèu.

3

Bouguaren soubre la Louzero,
Lous qu'anen dins l'abiacieu ;
Las pastouros, sul mount Louzero,
En lurs mos nous faròu adieu.

4

Beiren Brest, Touloun, Coustantino,
Bastia, Marseillo, Tunis.
Lou Tounkin et la Palestino
Lyoun, Niço, Beziès, Paris.

5

Fintaret, o drouletos brabos,
Quond bendròu fa 'n tour al pays,
Artilhurs, tringlots, hussards, zouabos,
Cuirassiès, dragouns et spahis.

6

Adussiat grand-pèro, mameto,
Adussiat soureto et frairou,
Plouret pas, o bouono maireto,
Fasèt-nous toutes un poutou.

7

Tournaren dins doso-huech meses
Al pays meissouna lous blats,
Laissaren la bilo as bourgeses,
Pel trabal nantes sen talhats.

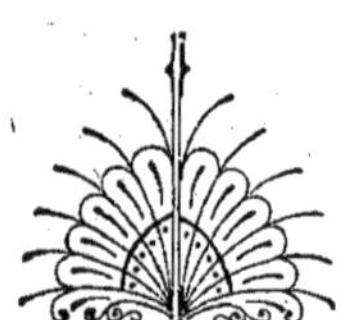

Pont Notre-Dame. — Mende.

# La Presairo

Moderato Er : *Savez-vous planter les choux*

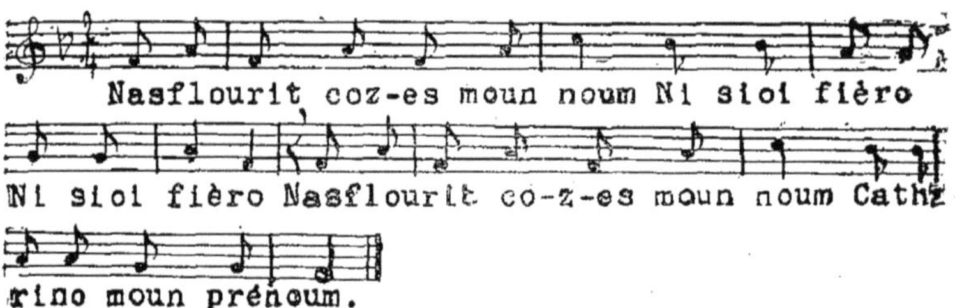


1

Nasflourit coz-es moun noum,
Ni sioi fièro. (*bis*)
Nasflourit coz-es moun noum,
Catharino moun prenoum.

2

Uei bòu faire moun mercat
A la bilo. (*bis*)
Uei bòu faire moun mercat
Et croumpa 'n pau de tabat.

3

M'en cha 'no lieuro per mes,
Mai l'espargne (*bis*).
M'en cha 'no lieuro per mes
Surquetout quond es bien fres.

4

Lou tene dinc un toupi
A la cabo. (*bis*)
Lou tene dinc un toupi,
Mai lou sabe bien cabi.

5

Ai de cranes mouchadous,
N'ai de rouges (*bis*).
Ai de cranes mouchadous
Et de toutes la coulous.

6

Mas amigos cauque cop
Las coubide. (*bis*)
Mas amigos cauque cop
Las coubide, mès sons trop

7

Ni fourren dinc nostre nas
De rascleto. (*bis*)
Ni fourren dinc nostre nas,
En nous biren per detras.

8

Esternude pas jamai
Mai n'ensaque. (*bis*)
Esternude pas jamai
Mai n'ensaque tont et mai.

9

Quond rouflabo l'ante jour
Ma neboudo. (*bis*)
Quond rouflabo l'ante jour
Li jouguère un crane tour.

10

Uno preso soulament
Espoussère (*bis*).
Uno preso soulament,
Dins soun nas bien douçament.

11

Sutio si derabelhèt,
En coulèro. (*bis*)
Sutio si derabelhèt,
Tout un jour esternudèt.

---

# Ma Bouorio

Er : *J'ai deux grands bœufs dans mon étable.*

Refrin :

Lou mounde la m'embïou,
Et fouosses la m'espïou ;
Mès pourriòu rempli d'or touto l'oustagariò,
Que noun jamai ma bouorio la bendriô !

1

Ma bouorio, sios be la pus bèlo
Et la pus richo del pays ;
Quond buto la sabo noubèlo,
Sembles un pichot paradis.
Poudiòs pas estre miel plaçado,
Moun ousta si chauffo al souguel,
Dato d'uno fièro passado,
Du Guesclin i s'arrestèt, El !

2

Dintrat un pau dins moun estaple,
I beiret mous poulits moutous ;
Jamai bestià n'es pus aimaple,
Mi sèc coumo mous efantous.
Fintat mous biòus se sou de raço,
Lur pia n'o lou fi del sati ;
Per lou trabal, de bouono graço
Sou toujours prestes à parti !

3

D'espijos d'or ieu ni soui riche,
Mous chons sou ples de blat granat;
Pes englanaires soui pas chiche,
Laisse lur part, per charitat,
A Dieu que n'es lou prumio mestre :
Lou remercie de sa bountat.
Bole des sieus ieu toujours estre,
Et jouï de l'eternitat.

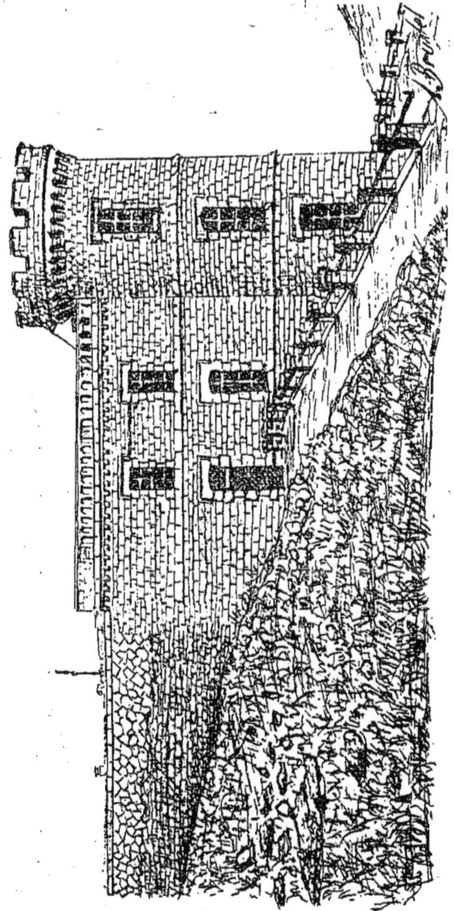

L'Observatoire de L'Aigoual.

# MARGARIDO

Largo

Musique A. Brunel

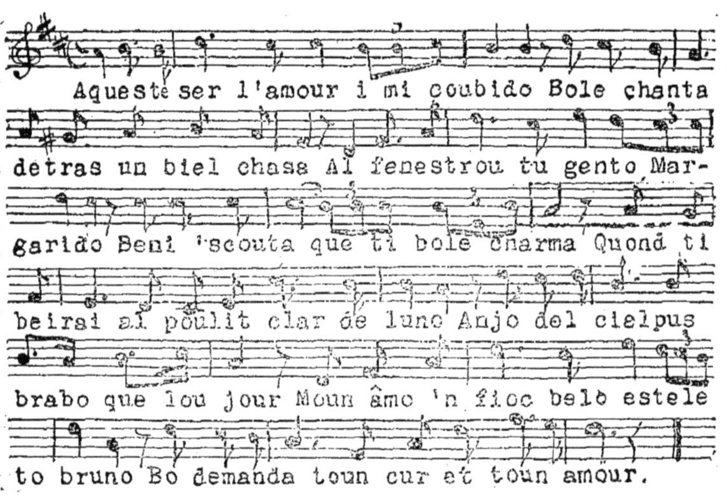


I

Aqueste ser, l'amour i mi coubido,
Bole chanta detras un biel chaza;
Al fenestrou, tu, gento Margarido,
Beni 'scouta, que ti bole charma.
Quond ti beirai al poulit clar de luno,
Anjo del ciel, pus brabo que lou jour,
Moun amo 'n fioc, bèlo esteleto bruno,
Bo demanda toun cur et toun amour.

2

Ieu ti dirai, gento pastoureleto,
Qu'ai fouosso argent, de bouorios, un chastel,
Pouorte un grond noum, ou sabes be, drouleto,
Aco's marcat soubre un parjemi biel.
Demo saras, s'ou bos, uno coumtesso.
Couci mi plai toun souri e agradieu !
De t'espousa uei ni fòu la proumesso :
Moun cur es tieu, ou jure dabon Dieu.

3

— Facho al trabal, m'en trobe bien hurouso.
Bounhur, santat paissou pes mounts, pes prats.
Dinc un chastel sariò lèu malheirouso,
Moun bouon Moussu, sarion mal appariats.
Piei bous dirai que sarai maridado,
Quond poussaròu las flous del mes dè mal,
Al pastourel balhent et que m'agrado,
Que m'aimo bien et qu'aime encaro mai.

4

Oh ! se poudiò bougua bès sa cabono,
Coumo 'n aucel, coumo 'n blou parpalhou,
Oh ! quond plasè de li bira la miono,
Lou rebelha, 'n li fasen un poutou.
Et toutes dous, al pè del Mount Louzero,
A pleno bouès chanta lou sol sacrat,
Lou Gibaudan, nosto bouono Louzero,
Pays de flous, pays de Libertat.

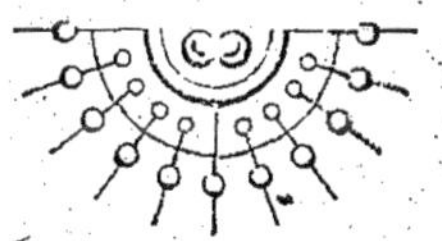

# LA PASTROUNO

Er : *Il était une bergère.*

I

Janeto la pastrouno
Et ri et rou mineto minou,
Janeto la pastrouno
Gardo soun troupelou lou lou,
Gardo soun troupelou

2

Del lach de sas fedetos,
Et ri et rou mineto minou,
Del lach de sas fedetos
Faguèt un froumachou lou lou,
Faguèt un froumachou.

3

Mè lou chat la fintabo,
Et ri et rou mineto minou,
Mè lou chat la fintabo
De soun uel couquinou lou lou,
De soun uel couquinou.

4

— I pauses pas toun arpo,
Et ri et rou mineto minou,
I pauses pas toun arpo,
Ou garo lou bastou lou lou,
Ou garo lou bastou.

5

Mè se pauset pas l'arpo,
Et ri et rou mineto minou,
Mè se pauset pas l'arpo
I enfouncèt lou mentou lou lou,
I enfouncèt lou mentou.

6

Et la pastrouno enquièto,
Et ri et rou mineto minou,
Et la pastrouno enquieto
Tuèt lou gourmandou lou lou,
Tuèt lou gourmandou.

7

Anét trouba soun pèro,
Et ri et rou mineto minou,
Anét trouba soun pero,
Li demandèt perdou lou lou,
Li demandèt perdou.

8

Moun pèro ieu m'accuse,
Et ri et rou mineto minou,
Moun pèro ieu m'accuse
Qu'ai tuat lou chatou lou lou,
Qu'ai tuat lou chatou.

9

Auras per penitenço,
Et ri et rou mineto minou,
Auras per penitenço
Ma drouleto, un poutou lou lou,
Ma drouleto un poutou.

10

La penitenço es douço,
Et ri et rou mineto minou,
La penitenço es douço
Tant pis per lou minou lou lou,
Tant pis per lou minou.

# LA MENDESO

Er : *Que cantes, qu'encantes.*

Refrin :

Mendeses, Mendesos, lou souguel s'enduer :
Chanten à l'aleio, un poulit couIncert.

I

Mende capitalo
Del biel Gibaudan,
Res en lioc egalo
Toun baloun charmant.

2

Cathedralo antico,
Que m'as batesiat,
Mante m'en pratico
Del debé sacrat.

3

Grond clucho de Mende,
De tu sen bien fiers ;
Carilhoun, t'entende
Scampilha tous ers.

4

Et tu, Noun- pariero,
Aqui toun batal !
As pas d'héritieiro,
Bourdoun sons ribal !

5

Mende o per centuro
Boulubars poulits :
Lou ser, lur frescuro
Rebèlho aganits.

6

I o de brabos fieiros,
Dinc lou gron fieira :
Chausses et ribieiros
Menou bon bestia.

7

Saluat lou Papo,
Quond passat dabons:
Urben , sous so chapo,
Benis sous efons.

8

Plo del Jardinage,
Fennos boù cerca,
Per fa lur meinage,
Lou legun que cha.

9

Sur lou Plo del bure,
I o de bouos cougnets ;
Degus si figure
D'i ana sons sòuets.

10

Long de la charrieiro
De la Chambilhò,
Bai raja l'ieiro :
Garo-ti sutiò !

11

Dedins la Cauquieiro
Noubèlos s'appren ;
Cado bujandieiro
Las dis, én laben.

12

A la bielho tourre
Des penitents bloncs,
La primo, on bei courre
Hiroundous en bons.

13

Fouont des Quatre-Caires,
Sout toun marrounio,
Benou pas pintaires :
Noun jamai i n'io.

14

A fouont d'Aiguospassos,
Bourso del trabal,
Ausiras s'i passos,
Rouda lou batal.

15

A la fouont del Griffou,
D'un bel foucounet
Lous arpiounets griffou
Lou det d' l'hòumenet.

16

O Malautieireto,
De mai d'un leprous,
Ta fouon fresso et neto
Calmèt las doulous !

17

As pès de la bilo
Lou Lot s'espandis ;
La troucho i fretilho
Et lou golh' i ris,

18

Al pouont Nostro-Damo,
Quond tout es al liech,
La peschiero bramo :
Fai pòu à la nuech.

19

Pouont-Rout, que l'agado
T'empourtèt lou nas,
Sur ta fièro arcado
Queste cop tendras.

20

Pouont de Fountanilhos,
Dins tous horts en flous,
Nisou chardounilhos,
Chontou lous quinsous.

21

Pibous de l'alèio,
Dins bostre fuelhun,
Reis de la balèio
Chonto l'aucelun.

22

Bèlo es toun hourtado,
Poulit Prat Bibal ;
Ta frucho es-daurado,
Fai nostre regal,

23

Debès Challocouosto,
S'òu pas de millards,
Lou souguel lur couosto
Pas ni sòus ni liards.

24

Al bouos de la Babre
Anat escouta.
Sur un agazabre,
Lou coucut chanta.

25

Abion un ermite
Qu'èro à Sen-Pribat ;
Qu'i fasio bisito
N'èro pas fachat.

26

Soubre l'Ermitage
Prejat à la Crous ;
M' un tros de froumage
I bieuret per dous.

27

Bai cassa la crousto
A fouons des Reinals ;
D'appetis l'on gousto
Sus rons lous pus nals.

28

Al sal de la Miolo
Sons pòu passaren ;
Sio pilhard ou drolo'
Toutes saltaren.

29

S'à tiroquiou pléjo
Destap' Merdansou,
Pòu-saròu à mièjos ;
Bite endigat-lou !

30

A la Crous del Chausse,
Monte da passous,
Aqui mi repause :
Cop d'uel merbelhous.

31

Rai quond ti dabale,
Balat des Pichous,
Mès jamai t'escale
Qu'à bès esquichous.

32

Pouos ana, flanaire,
Al tràu de l'Anfer,
Risquaras pas gaire
D'i rousti, l'hiber.

33

Per lous prats, à Pascios,
Lous iòus saltaròu :
Las qùe sou pas sajos
Lous li sagaròu.

34

Quond cad' on s'aturo
Festo des Panets.
Plagnet pas l'ounchuro :
Sen un pàu lepets.

Clochers de la Cathédrale de Mende

# La chansou de la fouon

## Refrin

Beni 'mbe ieu, Rouseto,
Qu'à moun prat i o 'no founteto
Que l'aigo i rajo clareto
En parlen d'amour. } *bis*

I

Aquelo fouon o tras elo un biel pibou
Et per amic un Christ soubre uno crous.
Bei cado jour d'anjos bluos qu'arribou
Per adoura lou Dieu del malheirous.
En las besen, lous aucels bougastrejou
Près del Segnou per lou bien caressa,
Et tour à tour, hurouses, chantounejou
Lou qu'o dich de s'aima.

2

Lou roussignol, quond tard lou ser entoncho
Soun couplet a l'obro del Creatou,
S'arresto 'n pau de chanta sur la broncho,
Quond es trouplat per lou bruch d'un poutou.
Adounc la fouon, qu'o jamai la pepido,
As amourouses, hiber coumo estieu,
Lur dis : Efons, prenèt-bous per la bido,
Co's lou bougué de Dieu.

3

Peiro que rollo n'amasso pas mousso ;
Oun sèt nascuts, jurat-ou, mous efons,
De demoura per ausi l'auro rousso
Chanta pes pis l'hymno des peysons.
Sariò neissiun, per aberre uno plaço,
De bous ana saca dinc un Paris,
Perdre l'entrin, la bigou de la raço
Luen de bostre pays.

# Lou Gourmon

I

Ieu soui cauque pau gourmon,
Bous n'abouariat pas ton ;
Bube lou jus de la trelho,
Bouide toujour ma boutelho ;
Ieu jamai mi fòu preja,
Quond s'agis de bien manja.

2

Coumo soui des pus lepets,
Pourtat-mi de bouos platets ;
Et lur plagnet pas l'ounchuro,
Qu'aco graisso l'embouchuro ;
En de rhom un quicoumet
Toujour lous parfumaret.

3

Bantes, quond m'embitaret,
Aiço mi prepararet :
Une calheto roustido,
Uno poulo bien farcido,
Un gigoutet d'agnelou,
En cibet un lapinou.

4

Cousinat un perdigal
En de chaous, co' s moun regal ;
Un pichou, me de lentilhos,
De bedel en de mourilbos,
Un canard, s'aco bous plai,
Un fésan tabe mi bai.

5

Un bouou pan de goudibèu,
Un gros floc de fricandèu,
Et de manouls al madèro
Que l'aloubidun moudèro ;
Roustissèt un pouletou,
Et des gribos al croustou.

6

Un teflas de roquofòuort,
Et que siage del pus fouort ;
De castognos bien grillados,
De frisados ensagados,
De rasins un gros pinel :
Toujour cerque lou pus bel.

7

Aime prou tabé lou flan,
Qu'aco si monjo son pan ;
Léque bien la counfituro,
Prese la frucho maduro ;
Pourtaret un bouon gatèu
Et m'ouffriret de bourdèu.

8

Biourai, per tout fa passa,
De bi biel sons mi lassa ;
Mai que siet à la campagno,
Destaparet lou champagno :
Aro que sèt abertits,
Coubidat-mi, mous amics.

6

Emblidabe lou cafè,
Amai lou pousso-cafè ;
D'aco pas qu'un' ideieto
Ni mettrai dins la tasseto.
Un canard apiei farai,
Maì beleù quond chantarai.

# Finetto

*Allegretto* Musique A. Brunel

Noste bestit de sedo Loun tuabion dijou Quond
fouguet sun la clédo Fineto prenguet pou Tiret
tont sur la coueto Qu'un bouon floc n'arrabet
Partiguet en caneto Tout lou mounde riguet REFRIN
Suzo'l liech Fineto Suzo'l liech Lou mati dis
Toueneto Toueneto Toueneto Lou mati dis Touenet-
O plougut dins la nuech.

Refrin

Suzo 'l liech, Fineto
Suzo 'l liech.
Lou mati dis : Toueneto,
Toueneto, Toueneto,
Lou mati dis : Toueneto,
O plòugut dins la nuech.

I

Noste bestit de sedo
Lou tuabion dijòu,
Quond fouguèt sur la cledo
Fineto prenguèt pòu,
Tirèt tont sur la couèto
Qu'un bouon floc n'arrabèt;
Partiguèt en caneto,
Tout lou mounde riguèt.

2

Beniò de fa la pacho,
L'ante sate al fieira,
D'uno superbo bacho,
Et l'anabo paga,
Quond sent à sa maneto
Qu'un trasse de braouet
D'un rebès de lengueto
L'arrapo lou billet.

3

Amoun de bès Lengogno,
L'arribèt antre tour :
Per tasta 'no castogno
Qu'abiòu fa coire al four;
Pas pus lèu dins la gorjo
La castogno 'spetèt
Et la lengo l'escouorjo :
Tres jours s'en plagniguèt.

4

Un cop debès Maruèjo,
Anabion proumena ;
En besen uno truèjo
Manquèt si trouba ma.
Et s'attapèt de suito,
Per pas tont si fa ma,
Al founs de ma lebito;
Mi faguèt asseta.

5

Countent benion bes Mende
En soupen dins lou trin,
Quond tout d'un cop entende
Gula lou chef de trin :
Bramet pas, dis Fineto,
Per s'escusa 'n bricou,
Co's pas que d'òumeleto
Qu'o tapat boste uelhou.

# Bressairolo

Lento                    Er : *Dors, dors, bel ange d'amour.*

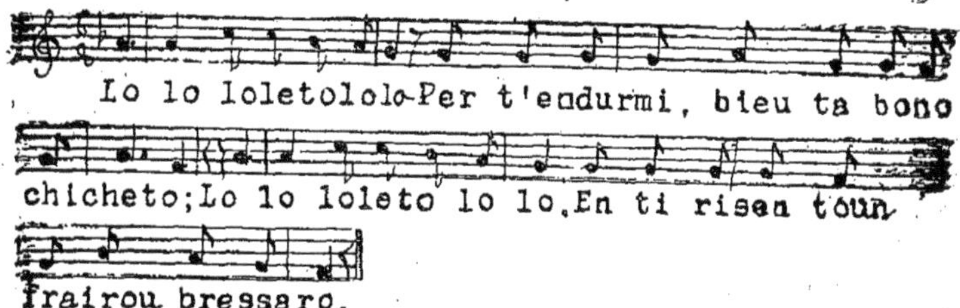


I

Lo lo loleto lo lo !
Per t'endurmi, biou ta bono chicheto ;
Lolo loleto lo lo,
En ti risen toun frairou bressarò.

2

Ma ma mameto mama !
Soun tresorou, l'aimo bien ta mairete ;
Ma ma mameto mama,
T'embrassarò se li dises : Ma-ma.

3

Pa pa papeto papa !
Sus soun ginoul faras la cabaleto ;
Pa pa papeto papa,
Ti soureiro quond li diras : Pa-pa.

4

Ban ban banbeto ban ban !
Ti croumparen uno brabo raubeto ;
Ban ban banbeto ban ban,
La pus poulido qu'aurò lou merchan.

5

Do do dodeto do do !
Se duermes bien, tu beiras las angetos :
Do do dodeto do do.
Caduno à tour un poutou ti farò.

6

No no noneto nono !
Toun angelou ti bai fa fa cluteto ;
No no noneto nono,
Quond durmiras l'aucel blu chantarò.

7

Chut, chut, Liseto, lis lis.
Baro l'uélhou per faire sa nouneto ;
Chut, chut, Liseto, lis lis,
Prend la boulado amoun al Paradis.

La maison d'Agnès Sorel, à la Canourgue

# La chansou de la Tata

Allegro Er : *Fais dodo, petite poulette.*

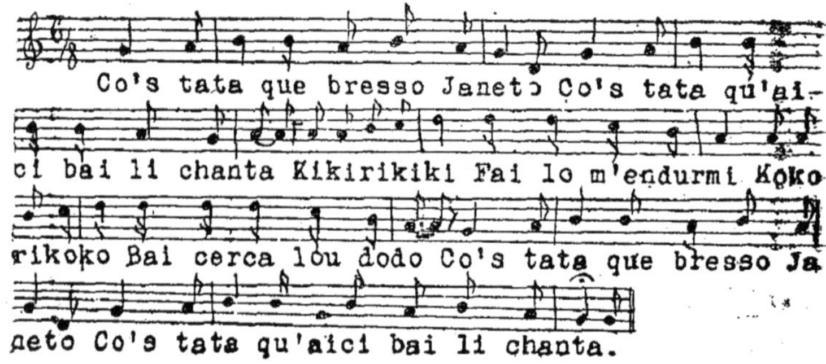


I

Co's tata
Que bresso Janeto,
Co's tata
Qu'aici bai li chanta.
Kikirikiki
Fai-lo m'endurmi,
Kokorikoko
Bai cerca lou dodo.
Co's tata
Que bresso Janeto,
Co's tata
Qu'aici bai li chanta.

2

Do do do
Enduer-ti, drouleto,
Do do do
Qu'auras de bouon bobo,
Ti cha pas ploura
Ni mai gramela,
Que papa bendriò
Et las ussos fariò.
Do do do
Enduer-ti, drouleto,
Do do do
Qu'auras de bouon bobo.

3

Ban ban ban,
Fai lèu ta nouneto
Ban ban ban
Qu'auras un gros cracan.
Cluto tous uelhous,
Dintro tous brassous,
Amai lou penet,
Ou be garo al minet.
Ban ban ban
Fai lèu ta nouneto
Ban ban ban
Qu'auras un gros cracan.

4

Te minet !
Beni beni bite.
Te minet !
Finto aquel artelhet.
Zou zou tu, minou,
Bite, attapo-lou,
Salto-z'y d'un bon
Tu que sios tont gourmon,
Te minet,
Beni beni bite,
Te minet,
Finto aquel artelhet.

5

Ah ! ah ! ah !
Passaras dimenche
Ah ! ah ! ah !
Podes pas lou gaffa.
Fripounas de chat.
Sios pas prou rusat
Bai beire se plòu
A z 'Scouto-se-plòu.
Ah ! ah ! ah !
Passaras dimenche
Ah ! ah ! ah !
Podes pas lou gaffa.

6

Oui, oui, oui,
Janeto es bien sacho,
Oui, oui, oui,
Si bai lèu endurmi.
Chut chut chut chut chut,
Laisso toun flagut,
Tu pichot frairou,
Joucat sur lou ferrou.
Oui, oui, oui,
Janeto es bien sacho,
Oui, oui, oui,
Si bai lèu endurmi.

7

Oh mama,
Qu'es brabo ta drolo,
Oh mama,
Beni per la finta.
Beiras d'angelous
Li fa de poutous
Al poulit mourrou
Que fai soun soumelhou
Oh mama,
Qu'es brabo ta drolo,
Oh mama
Beni per la finta.

P.F. 1926

# MOUN PAYS

Er : *Ma Normandie.*

I

Ieu soui à l'autou de la bido,
Un grond sadoul ai de Paris ;
Espère l'houro bénésido
Que tournarai à moun pays.
Quond rebendrai dins ma familho,
Quond beiròu qu'embrasse lous mieus,
Lous aucelous en reberdilho
Mi chantaròu lurs poulits ripieupieus.

2

Al biel ousta, près de la routo,
Miel que lou rei mi carrarai ;
Aurai gerbieiro et nalto mouto,
Caba triat, coumpagnoun gai,
Lou fi parfun de las flouretos,
L'er fresset de l'aubo del jour,
La chansou de las agausetos :
D'aquel bounur jouirai à moun tour.

3

Peyson, qu'as l'amo tont balhento,
Aimo tous chons, tous prats flourits,
Toun blat que fai l'oustïo sento,
Ta bielho gleiso, tous manits,
Ta fenno que Dieu t'o dounado,
Toun pays que ti bo nourri,
Des parents la toumbo sacrado :
A lur coustat, un jour boudras durmi.

# PIERRE-JON

Er : *Cadet Rousselle a trois* **maisons**

I

Moun hòumenet c'os Pierre-Jon : (*bis*)
L'ai pres pichot pus lèu que grond. (*bis*)
O de trabal toujours per faire :
Es bien debiais, fai moun affaire :
Oui, oui, moun Pierre-Jon,
Ti festarai per la Sent-Jon.

2

Se li dise de balaja, (*bis*)
Quittarò pus lèu de manja. (*bis*)
Sas mòs sou pas de las pus ruffos,
Ploumo quond cha fort bien las truffos :
Tè, tè, moun Pierre-Jon,
Biou aquel beire de bi blonc.

3

S'i dise lou fioc d'attuba, *(bis)*
Ou be la soupo d'adouba, *(bis)*
Ou mi fai tout per ieu, pechaire !
Aco's pas un repoutegaire :
Ah ! ah ! moun Pierre-Jon,
Auràs estreno al jour de l'on.

4

Se la pasciado i fòu bira, *(bis)*
Ou fai to bien qu'apastura. *(bis)*
Sap fa lou liech miel que ma filho,
Co's uu trésor per la familho.
Oui, oui, moun Pierre-Jon,
Ieu l'aime tont que moun efon.

5

Se li dise d'ana bressa, *(l is)*
Ou farò miel que d'embrassa. *(bis)*
Al manidou, dins sa boueturo,
Li pourtarò de counfituro.
Oui, oui, un Pierre-Jon,
Es rare ton qu'un merle blon.

# MA CABALIEIRO

Er : *Il était un petit navire.*

I

Si maridabo Louiseto, (*bis*)
Cinq ons déjà ja ja si sou passats. (*bis*)

2

Mi coubidèrou per la noço, (*bis*)
Fouguère ja ja jamai to counten. (*bis*)

3

La pus poulido cabalieiro, (*bis*)
De segur co co co-z-èro la mio. (*bis*)

4

L'abiò croumpat fouossos drageiros, (*bis*)
De las pu bo bo bonos que bendiòu. (*bis*)

5

Tout lou jour faguèt que mi rire, (*bis*)
Et soun cur mi mi mi parlèt tabé. (*bis*)

6

Abiò l'uel blu, maisseto roujo, (*bis*)
Sa raubo la la la pintrabo bien. (*bis*)

7

— Que soun hurcuses, li diguère, (*bis*)
Lous nobis que que que s'espousou uei. (*bis*)

8

Ausère pas gaire mai dire, (*bis*)
Mès elo m'a m'a m'abio bien coumpres (*bis*)

9

Tout lou repas, ieu la soïgnère, (*bis*)
Remerciètbien bien bien soun cabaliè. (*bis*)

10

Et quond buguession bou champagno, (*bis*)
Sa lengo si si si deroubilhèt. (*bis*)

11

— Ieu bole be, mi dis la filho, (*bis*)
Ou diren à à à moun paire anuech. (*bis*)

12

— S'aco bous plai, faguèt lou paire, (*bis*)
Maridat-bous bous bous, mous efontous. (*bis*)

13

La larmo à luel, quitte ma bèlo, (*bis*)
Lou lendemo mo mo sion fiançats. (*bis*)

14

Un mes après fasion la noço, (*bis*)
Et dumpiei ri ri risen et chanten. (*bis*)

15

Aben un drole et douos filhetos, (*bis*)
Et, se Dieu bo bo bo, n'auren be mai. (*bis*)

Château de Bellesagne (près Mende)

# LOU BIEL PASTRE

*Lentissimo* Er : *La Grondó.*

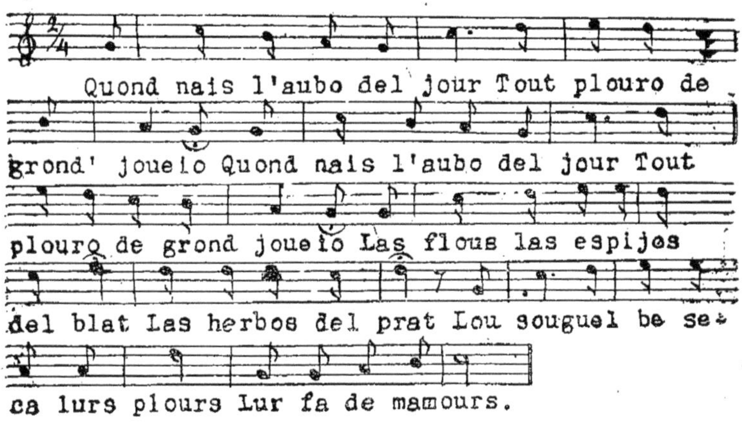


I

Quond nais l'aubo del jour, tout plouro de grond'jouèio (*bis*)
Las flous, las espijos del blat,
Las herbos del prat.
Lou souguel be seca lurs plours,
Lur fa de mamours.

2

Assetat soubre un ron en tiren sa bouffardo, (*bis*)
Un pastre biel, aici si crei
Pus hurous qu'un rei :
Entend lou tictac del bounur
Chanta dins soun cur.

3

Souguet pel pastura, perdut dins sas mountognos, (*bis*)
Tout en garden mous bloncs moutous
Et mous agnelous,
Ai temps per las examina
Et las calcula.

4

De que fariòu lous reis, de que fariòu lous princes, (*bis*)
Per si besti, per si nourri,
Oui diset ou mi,
Se fasio pòu as peysons
Lou trabal des chons.

5

Pensat-i cado jour, mestres de la scienço, (*bis*)
Que pourriat pas fa soulament
Un gro de froument
Capaple de pouire grelha,
Sons mai demanda.

6

Lous que nadat dins l'or, lous que sèt miliounaris (*bis*)
Bailat d'argent, de po daurat
Al paure affamat,
Per que lou grond Mandiant del ciel
Bous aime un paou miel.

7

Lou ciel et lou souguel, la luno et las estouelos, (*bis*)
Aco s'es pas fa tout souguet,
Diret que boudret,
Aquel que bo 'n pau reflechi
Ni dieu counbeni.

8

D'aqueles nego Dieu que bouffariòu lou papo, (*bis*)
Lou curat et lou serpili,
Que n'ai bist parti ?
Mes bolou pas gaisses 'mbarca,
Sons si coufessa.

9

Que siat couonte ou marquis, que siat paure ou siat riche (*bis*)
Un jour cha toutes trespassa,
Si pot pas néga,
Esisto aqui l'égalitat.
Dieu ni sio louat !

10

Lou que créèt l'amour, diguet un jour al mounde (*bis*)
Coumo souretos et frairous,
Toutes aimat bous.
Adounc per que nous chapigna
Et nous pas 'ndura ?

11

Bibo la libertat ! mi chonto l'aucelino (*bis*)
Qu'a-z-ello podou pas 'mpacha,
De mi gazoulha,
Autou et primo, hiber, estiou,
Bibo lou bouon Dieu !

# La chansou de la Mameto

Er : *Au clair de la lune.*

I

Ma gentó drouleto
Per tu bòu chanta,
Saras bien sageto
Per miel escouta.
Co's ieu la mameto,
Que ti bòu bressa.
Fai m'une riseto,
Ti bole embrassa.

2

Quond saras grandeto,
Ti passejaras ;
Fièro, dins l'herbeto
D'un pè saltaras.
La griso bacheto
Al prat gardaras ;
Faras la pastreto :
Que ti cararas !

3

Dedins la gleiseto
Saupras bien preja ;
Diras à l'angeto
De ti prouteja.
Embe de flouretos
De bouquets faras ;
A las chapeletos
Tu lous pourtaras.

4

Embe toun fraireto
Nous amusaren,
Faren la soupeto
Piei la manjaren.
Ta roujo lengueto,
La nous moustraras,
Mès à toun paireto
Tu la rescoundras.

5

Diren al paireto
Que nostre minou
O de sa filheto
Manjat lou lengou.
Uno minuteto
Toutes plouraren ;
Beiren la pouncheto
Et toutes riren.

6

Al chon de papeto
Anaren gousta,
Cercaren l'oumbreto
Per nous asseta.
Soubre ma falleto
Ieu ti gardarai ;
A ma Louiseto
Un poutou farai.

7

Bien douçameneto.
Tout en fredounen
Nostro chansouneto,
Aqui finiren.
Et faren placeto
A l'Anjo gardien :
Pendent ta nouneto
Ti gardaro bien.

Tour des Pénitents (Mende).

# Croustou

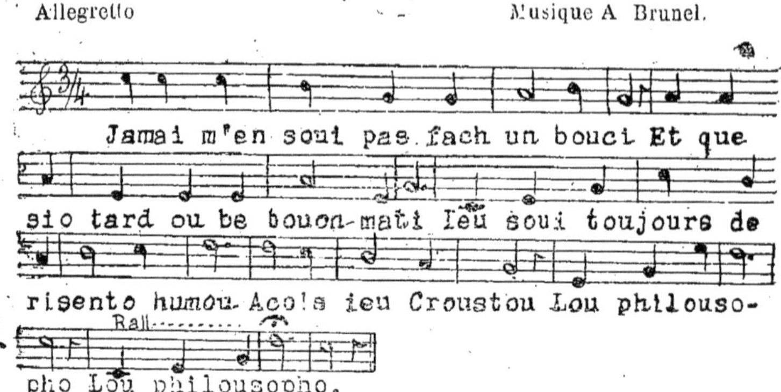


I

Jamai m'en soui pas fach un bouci
Et que sio tard ou be bouon mati
Ieu soui toujour de risento humou,
Aco's ieu Croustou
Lou philousopho. (bis)

2

Oh cresèt pas qu'ieu m'en one fa
Mai qu'aje res un jour per manja
Mi dise adoun, fier coumo Artaban,
Sarro-lo d'un cran.
Soui philousopho. (bis)

3

Un cop caucus mi tretèt de piot.
Diguère : Eh be tabe co si pot.
Per mi gari d'aquel meschant ma
Beni 'mbe ieu trinca
Soui philousopho. (bis)

4

En passen soubre lou plo del blat
Més arribat, dimenche passat,
De reçaupre quicon de tebes.
Ou ai fort bien pres,
Soui philousopho. (bis)

5

L'antre jour en boulen espeça,
Sul nas t'attapère un bouon foutra.
Coumo mous uels i besiou pas cla,
Mi mette à suppla :
Soui philousopho. (bis)

6

Dous homes, un mati, si battiòu
Per lous separa bounas i bòu.
Adounc soubre ieu òu cougnat en cur ;
Soui pas encaissur,
Soui philousopho. (bis)

7

Dins mas brayos, de pòu, co's certen,
M'arribèt un goine d'accident.
Tout lou jour ai pas fach que chanta
Kala laka ka.
Soui philousopho. (bis)

8

Un jour que pourtabe un fort escach
De siettos, de beires et de plats
Per beire l'effet qu'aco fariò,
Tout eschompe al so.
Soui philousopho. (bis)

9

L'aurò, un mati, sur lou pouont noubel,
Dins l'aigo m'empourtet lou chapel.
Dins lou gour lou fintère nada.
Que sert de brama.
Soui philousopho. (bis)

10

La tomobilo del medéci,
En mi placen al miech del chami,
L'arreste amai qu'one à founs de trin,
Embe aquel refrin :
Soui philousopho. (bis)

11

Quond piquarai al pourta del ciel
Se Sent Pierre mi dis : Baturel,
Dins l'Anfer tu bas ana crema.
Quel cop dirai pas :
Soui philousopho. (bis)

# L'A. B. C. D.

*Plou plou que ti donnarai un*

I

Ai ai
Quicon m'o pougnut en laï

2

Bieu bieu
Que lou tounel es pas mieu

3

Clic clac
Ai clabat dedins lou drac

4

Do do
Entrament lou loup bendro

5

Eh eh
Mas l'er d'un calaficiè

6

Fòu fòu
Un pichot tour et m'embòu

7

Gaga
Ou debendren s'ou sen pas

8

Hi ha
Fai la saumo per brama

9

I i
Fai quond plouro Rousali

10

Ji ji
Sou gazouilho lou neni

11

Ki Ki
Lou jal fai kikiriki

12

Lala
Fajes pas tont de flafla

13

Mama
Ai cujat mi denasa

14

Nana
Nou mi bole pas ' nana

15

Oi oi
Se sabios qu'aco m'escouoi

16

Pin pan
Ou pourtaras à ta grand

17

Quouet quouet
Faset bieure qu'ai bien set

18

Rai rai
Sou rende pas ou dieurai.

19

Souon souon
Beni, beni, à l'efont.

20

Ta ta
Dis lou nebout ds Maria.

21

U oh
Be de fa lou carretiò.

22

Voui voui
Se tu n'as pas, crompo-ni.

23

Youf youf
Faras lèu lou patapouf.

24

Zigzag
Prend bien gardo al patatrac.

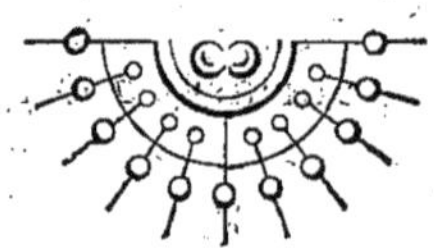

# La Chansou Del Sounaire

Er : *Frère Jacques.*

I

Roupilhèmus, (*bis*)
Lèbo-ti ! (*bis*)
Bai souna l'Angèlus, (*bis*)
Del mati. (*bis*)

2

Sutiò tiro (*bis*)
Lou bourdoun, (*bis*)
La campono biro (*bis*)
Boum, boum, boum. (*bis*)

3

Quond dejuno, (*bis*)
Fai serbi (*bis*)
De mièjos mai d'uno (*bis*)
De bouon bi. (*bis*)

4

Piei trabalho (*bis*)
Dins lou prat, (*bis*)
Et d'herbeto dalho (*bis*)
Un carrat. (*bis*)

5

Miechour piquo : (*bis*)
Oremus ; (*bis*)
Que tourna repiquo (*bis*)
L'angelus. (*bis*)

6

Apiei dino, (*bis*)
Qu'o' bien fon, (*bis*)
Toumbo' no chaupino (*bis*)
De bi blon. (*bis*)

7

Et jardino, (*bis*)
Biro l'hort ; (*bis*)
Tiro la racino, (*bis*)
Qu'es bien fort. (*bis*)

8

La nuech toumbo : (*bis*)
Lou tin-tin (*bis*)
Tindo dins la coumbo, (*bis*)
Din, doun, din. (*bis*)

9

Lou sounaire (*bis*)
Bai durmi, (*bis*)
En rouflen bai faire (*bis*)
Do, ré mi. (*bis*)

# SERAFI

Er : *Ah vous dirai-je maman.*

I

Toutes mi disèt aici :
Chonto' n pau, tu Sérafi ;
Coumo Dieu m'o pas fa mudo
Ni barbudo ni bourrudo,
Sons bous fa d'antros façous,
Bòu chanta, mès calat-bous.

2

De pertout aco si sap
Qu'ai bouon uel amai bouon cap,
Que mi monco pas tapeto,
Que moun courset coufle espeto,
Bòu manja din mous trento ons,
Ou disiet pas, mous éfons.

3.

Coumo bantrés poudio fa,
Mi marida coumo cha,
Uei sariò dins lou gron mounde,
De barlets n'aurio 'n abounde,
Per mi poudra, mi frisa,
Mi chalsa, mi pounpouna.

4

Ai agut de pretenduts,
Tontes que i ó de coucuts,
Et de minces et de grosses,
De sabens et de talosses,
Chambats court et chambats nal,
Mai un jandarmo à chabal.

5

Aquel mi parlabo pla,
Et m'accoumencet aita :
Se bos pas, bièlho toupino,
Couiffa Sento Catharino,
Ieu per fenno ti prendrai
Et souben ti b...roussarai.

6

Parlèt tont lou brabe éfon
Qu'aco mi faguèt quicon,
Et, coumo soui pas chabilho,
L'ai dich moun noum, ma familho.
El mi diguet : Troun de l'er !
Ieu m'appèle Bouffonler.

7

De pourta 'n noum coumo aco
Mi refregiguèt sutiò,
Et coupèt lou maridage.
Ni parlèt tout lou bilage.
Pas que per lous fa cala,
Ieu mi bole marida.

Eglise d'Aumont.

# LA CHANSOU DEL DROULET

Er : *Quont ti coustabou tous esclops,*

I

— Couci t'appèles *(ter)*
Moun droulet ?
— M'appèle *(bis)* Louiset
M'appèle *(bis)* Louiset

2

— Et qua ti gardo *(ter)*
Moun droulet ?
— Mi gardo *(bis)* moun pairet,
Mi gardo *(bis)* moun pairet.

3

— De que tu boles *(ter)*
Moun droulet ?
— Ieu bole *(bis)* un poutounet,
Ieu bole *(bis)* un poutounet.

4

— Et à qua rises *(ter)*
Moun droulet ?
— Ieu rise *(bis)* à moun frairet,
Ieu rise *(bis)* à moun frairet.

5

— A de que jogues *(ter)*
Moun droulet ?
— Ieu jogue *(bis)* al bourdet.
Ieu jogue *(bis)* al bourdet,

6

— 'Me qua t'amuses *(ter)*
Moun droulet ?
— M'amuse *(bis)* en lou chatet,
M'amuse *(bis)* en lou chatet.

7

— Et qua ti japo *(ter)*
Moun droulet ?
— Mi japo *(bis)* lou chinet,
Mi japo *(bis)* lou chinet.

8

— Et de que monges (*ter*)
Moun droulet ?
— Ieu monge (*bis*) de panet,
Ieu monge (*bis*) de panet.

9

— Et de que bubes (*ter*)
Moun droulet ?
— Ieu bube (*bis*) de chichet,
Ieu bube (*bis*) de chichet.

10

— Oun doun t'assètes (*ter*)
Moun droulet ?
— M'assète (*bis*) sul souquet,
M'assète (*bis*) sul souquet.

11

— Et oun ti chauffes (*ter*)
Moun droulet ?
— Mi chauffe (*bis*) al fiouquet,
Mi chauffe (*bis*) al fiouquet

12

— Et oun ti duermes (*ter*)
Moun droulet ?
— Mi duerme (*bis*) al bresset,
Mi duerme (*bis*) al bresset.

13

— Et qua ti bresso (*ter*)
Moun droulet ?
— Mi bresso (*bis*) moun frairet,
Mi bresso (*bis*) moun frairet.

14

— Et à qua reibes (*ter*)
Moun droulet ?
— Ieu reibe (*bis*) à l'angelet.
Ieu reibe (*bis*) à l'angelet.

# Lou marchand d'oli

Er : *J'ai du bon tabac dans ma tabatière.*

I

Ai un bouon mestiò,
Que soui marchand d'oli.
Ai un bouon mestiò,
Jamai chanjariò.
Escoutat-mi 'n tout pichot moument
Que bous boudriò fa moun bouniment.

2

Mi couneissèt prou,
Mai de bielho dato.
Mi couneissèt prou,
Co's ieu Baptistou.
Soui counescut pu lèu per Petrus,
Lèbo la cambo, piei i es pas pus.

3

Ai representat
L'ousta Guinchololi.
Ai representat
Moussu Scagassat,
Mes n'ai 'tapat un qu'es be miliou
Aco's l'ousta de Moussu Sauçou.

4

Bende per kilos,
Tabe fòu à litres
Bende per kilos,
Amai per hectos,
Per estagnouns ou be per bidouns,
Mes aime mai treta per bagouns.

5

Bese lous moussus,
Mai que mai las damos.
Bese lous moussus,
De cops pas degus
Se cauque cop attape un merci,
Lou lendemò tourne rebeni.

6

D'oli bous en cha
Per la mayouneso.
D'oli bous en cha
Per tout azegua.
Surtout ni cha, retenèt ou bien,
Per d'usses cops ouncha l'entesten.

7

Bous qu'abal risèt,
Brabo doumeisèlo,
Bous qu'abal risèt,
Sai pas s'ou sabèt,
Mès de segur, se prenèt Janet,
D'oli bourro, qu'aco's un lepet.

8

Del cop bous dirò :
Seraphi, ti bole,
Del cop bous diiò :
Fasen lèu aco.
Mariden-nous per la Trinitat
Emb'un poutou fasen lou mercat.

9

Ieu ni doute pas
Que sarai de noço
Ieu ni doute pas
Mi beirèt tiba.
Aquel bel jour chantaren en cur :
Co's l'oli qu'o fach noste bounhur.

ꕤ ꕤ ꕤ ꕤ ꕤ

# LOU PESCHAIRE

Er : *Malborougt s'en va-t'en guerre.*

1

Marius part per la pescho,
Margoutoun, toun toun, Madelèno !
Marius part per la pescho,
Bai cerca lou soupa. (*bis*)

2

Passèt à la pescheiro,
Margoutoun, toun toun, Madelèno !
Passet à la pescheiro.
Resquillèt jusqu'al founs. (*bis*)

3

Ni balajèt la plaço,
Margoutoun, toun toun, Madelèno !
Ni balajèt la plaço,
Per i pas plus toumba. (*bis*)

4

S'assetèt sus la ribo,
Margoutoun, toun toun, Madelèno !
S'assetèt sur la ribo,
Per pouire bien pescha. (*bis*)

5

Lou tap, to lèu, s'enfounço,
Margoutoun, toun toun, Madelèno !
Lou tap, to lèu, s'enfounço,
Mès la troucho manquèt. (*bis*)

6

Un antre bèr engulho,
Margoutoun, toun toun, Madelèno
Un antre bèr enguilho,
Un goli mourdeguèt. (*bis*)

7

Mès trop sutiò la tiro,
Margoutoun, toun toun, Madelèno !
Mès, trop sutiò la tiro,
La ligno si coupèt. (*bis*)

8

Bitamen la petasso,
Margoutoun, toun toun. Madelèno !
Bitamen la petasso,
Piei trai tourna lou tap. (*bis*)

9

Co mourdeguèt de suito,
Margoutoun, toun toun, Madelèno !
Co mourdeguèt de suito,
Fai tira Mari-us. (*bis*)

10

Tont tiret lou peschaire,
Margoutoun, toun toun, Madelèno !
Tont tiret lou peschaire,
Qu'un biel souliè benguèt. (*bis*)

11

Diguèt : As pas de chanço,
Margoutoun, toun toun, Madelèno !
Diguèt : As pas de chanço,
De pas res attrapa (*bis*)

12

Peschen à la boulado,
Margoutoun, toun toun, Madelèno !
Peschen à la boulado,
Qu'aco russirò miel. (*bis*)

13

Accrouquèt uno broncho,
Margoutoun, toun toun, Madelèno !
Accrouquet uno broncho.
Lou crin i démourèt. (*bis*)

14

Assajètla mantasto,
Margoutoun, toun toun, Madelèno !
Assajèt la mantasto,
Et manquèt s'enneja. (*bis*)

15

Degoustat de la pescho,
Margoutoun, toun toun, Madelèno !
Degoustat de la pescho,
S'en tournèt à l'ousta. (*bis*)

16

Et diguèt à la fenno,
Margoutoun, toun toun Madelèno !
Et diguèt à la fenno,
En-d-estremen soun sac : (*bis*)

17

S'as ebejo de golhis,
Margoutoun, toun toun, Madelèno !
S'as ebejo de golhis,
Attapo-lous al plat. (*bis*)

# NADA MENDÉS

Er : *Il est né, le divin enfant.*

REFRIN

Carilhoun que chontes tont bien,
Jogo-nous per aquelo festo,
Carilhoun que chontes ton bien,
Jogo-nous un er Louzérien.

1

Efon Dieu que benes del ciel,
Benesis ta bouono Louzero ;
Efon Dieu que benes del ciel,
Al pays que t'aimo lou miel.

2

Sios brabet, pichot efontou,
Sios poulit coumo 'no cilieiro ;
Sios brabet, pichot efontou,
Cado anjou ti raubo 'n poutou.

3

D'alos d'or òu tous angelous,
Dins tous uels, rabits, si miralhou ;
D'alos d'or òu tous angelous,
Et t'adorou, Dieu glorious !

4

Per souffri, ti sios fa' mourtel,
Per pati toutos las misèros ;
Per souffri ti sios fa' mourtel,
Efon Dieu, filh de l'Eternel !

5

O moun Dieu, qu'es paurou toun liech !
Sios jagut soubre la palheto ;
O moun Dieu, qu'es paurou toun liech !
Et qu'es frech lou bent de la nuech !

6

O pastrou, pouorto toun agnel
A toun Dieu per que s'achagoune ;
O pastrou, pouorto toun agnel,
Que sio blon ou que sio burel.

7

Efontous, jougnèt lous detous,
Fasèt-li bien bosto prièro ;
Efontous, jougnèt lous detous,
Prejat-lou toutes à ginous.

8

O Mendés, tu que l'aimes bien,
Prèjo-lou del foun de toun amo ;
O Mendés, tu que l'aimes bien,
Proumes-li d'estre bouon chrétien.

# CHANSOU DEL GRAN

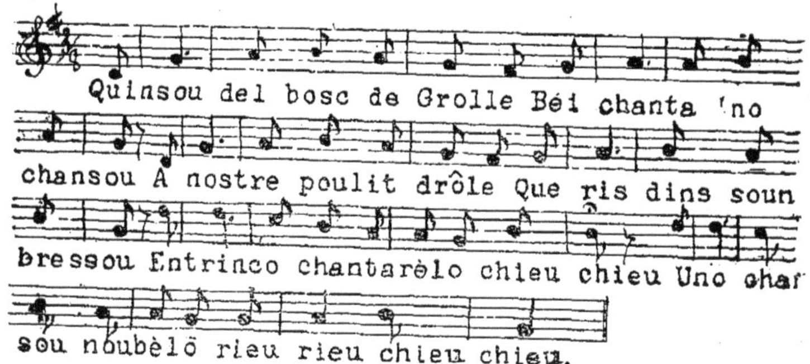


Er : *Néra.*

I

Quinsou del bos de Grolle,
Bei chanta 'no chansou,
A noste poulit drole,
Que ris dins soun bressou.
Entrinco, chantarèlo,
Chieu, chieu !
Uno chansou noubèlo
Pieu, rieu, chieu, chieu !

2

Quinsou. moun gazoulhaire,
Detras lou ron pounchut,
Bejo soun pichot fraire
Que jogo del flagut.
Dis-li que Pol es sage
Chieu, chieu,
Coumo un chat al froumage,
Pieu, rieu, chieu, chieu !

3

Quinsou, bejo soun payre,
Qu'al chon de Poumebra
Endrisso bien l'araire
Et chonto à plen peitra,
En criden la Poumèlo
Chieu, chieu,
En buten la Maruèlo
Pieu, rieu, chieu, chieu.

4

Quinsou, dis à sa maire
Que soun cher rousselou,
Soun bourrel de renaire
Cluto deja l'uèlhou.
Courbo-ti, brabo angeto,
Chieu, chieu,
Fai li 'no poutouneto,
Pieu rieu, chieu chieu.

5

Quinsou lou souon m'emmeno,
Coumo noste neni,
Quond bresse pode à peno
Mi para de durmi.
Chonto-nous, sereneto,
Chieu chieu,
Chonto-nous la nouneto
Pieu rieu, chieu chieu.

La Croix des Anglais (près St-Chély-d'Apcher).

# LA CHANSOU DES COUSCRITS

Er : *Voilà les poilus*

REFRIN

Besèt lous couscrits, (*bis*)
Sou bien plantats, sou bien moullats et bien bastits :
De fiers dragouns belèu faròu,
De fantassins toujours saròu.

I

Uei passabion nosto bisito,
Per lou coussel de rebisiou.
Aben fa salta la lebito
Et jaga lou pichot arpiou.
N'i abiò de minces et de grosses,
De courtissous et de prou longs,
Et lou major o dich à fouosses :
« Sios pas scanat ! Bouo per dous ons ! »
C'os un bloun qu'o chantat per aqui,
Ès un brun qu'o respouos bès aici,
Oui, oui

2

Co's uei lou jour de la ripalho,
Nous fòu pas pòu lous bouos roustits ;
Pourtat gibié, sourtèt boulalho,
Bailat bi blonc et bouos biscuits ,
Cauquos boutelhos de champagno
S'engouliròu sons fa cluta.
Un bouon cigar uei noun s'espargno ;
Toutes countens anen chanta :
Co's un bloun (etc.)

3

Podou pourta nostro bilheto,
S'en pas d'aqueles que s'en fòu.
Embrassaren parents, sourretos,
Coufflles saren, n'aben be pòu ;
Mès la cantino auriò foulheto,
A la payso pensaren,
A la santat dc Louiseto
D'un cop à l'antre trinquaren.
Co's un bloun (etc.)

Porte du grand clocher
(Cathedrale de Mende)

# MOUN ESTELETO

Allegretto | Er : *En revenant de noces.*

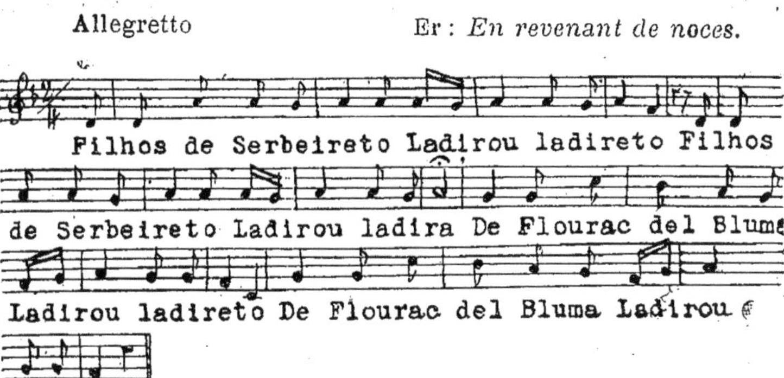


I

Filhos de Serbeireto,
La dirou, la direto,
Filhos de Serbeireto,
La dirou, la dira,
De Flourac, del Bluma,
La dirou, la direto,
De Flourac, del Bluma.
La dirou, la dira.

2

Ausèt ma chansouneto,
La dirou, la direto,
Ausèt ma chansouneto,
La dirou, la dira,
Que bous pouriò 'grada,
La dirou. la direto,
Que bous pouriò 'grada,
La dirou, la dira.

3

Ieu cerque uno drouleto,
La dirou, la direto,
Ieu cerque uno drouleto,
La dirou, la dira,
Et la boudriò 'spousa,
La dirou, la direto,
Et la boudriò 'spousa,
La dirou, la dira.

4

La mi cha galhardeto,
La dirou, la direto,
La mi cha galhardeto,
La dirou, la dira,
Co si demondo pas,
La dirou, la direto,
Co si demondo pas,
La dirou, la dira.

5

Que siò bloundo ou bruneto,
La dirou, la direto,
Que siò bloundo ou bruneto,
La dirou, la dira,
Me n'en bire pas ma,
La dirou, la direto,
Me n'en bire pas ma,
La dirou, la dira.

6

Que siò bien foutudeto,
La dirou, la direto,
Que siò bien foutudeto,
La dirou, la dira,
Faje pas de flafla,
La dirou, la direto,
Faje pas de flafla,
La dirou, la dira.

7

Qu'aje uno bouès clareto,
La dirou, la direto,
Qu'aje uno bouès clareto,
La dirou, la dira.
Per mi pouire chanta,
La dirou, la direto,
Per mi pouire chanta,
La dirou, la dira.

8

Me pas trop de tapeto,
La dirou, la direto.
Me pas trop de tapeto,
La dirou, la dira,
Qu'aco m'anariò pas,
La dirou, la direto,
Qu'aco m'anariò pas,
La dirou, la dira.

9

Sariò 'n pau couquineto,
La dirou, la direto,
Sariò 'n pau couquineto,
La dirou, la dira,
Anariò pas pus ma,
La dirou, la direto,
Anariò pas pus ma,
La dirou, la dira.

10

Sache fa la soupeto,
La dirou, la direto,
Sache fa la soupeto,
La dirou, la dira,
Mai un pau petassa,
La dirou, la direto,
Mai un pau petassa,
La dirou, la dira.

11

Bire bien l'òumeleto,
La dirou, la direto,
Bire bien l'òumeleto,
La dirou, la dira,
Sache bien espargna,
La dirou, la direto,
Sache bien espargna,
La dirou, la dira.

12

Qu'essie pas gourmandeto,
La dirou, la direto,
Qu'essie pas gourmandeto,
La dirou, la dira.
Curariò moun ousta,
La dirou, la direto,
Curariò moun ousta,
La dirou, la dira.

13

S'èro paysandeto,
La dirou, la direto,
S'ero paysandeto,
La dirou, la dira,
Co rebagariò pas,
La dirou, la direto,
Co rebagariò pas,
La dirou, la dira.

14

Oun sios, moun esteleto,
La dirou, la direto,
Oun sios, moun esteleto,
La dirou, la dira,
Respond-mi, tra la la,
La dirou, la direto,
Respond-mi, tra la la,
La dirou, la dira.

# SE IEU BOULIO

Bourrèio | Er : *Se ieu boulio.*

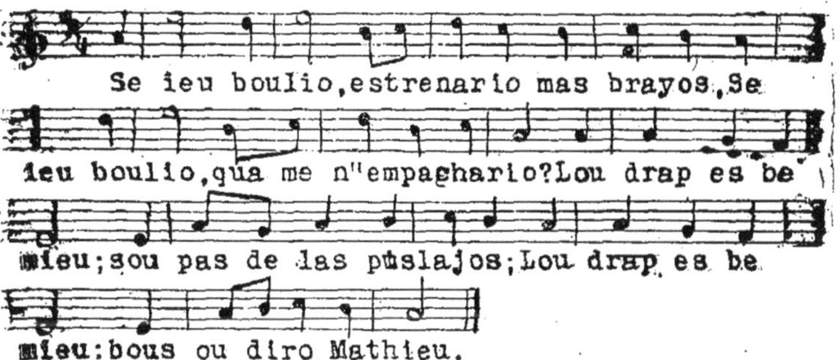


I

Se ieu bouliò, estrenariò mas brayos,
Se ieu bouliò, qua me n'empachariò ?
Lou drap es be mieu ; sou pas de las pus lajos ;
Lou drap es be mieu : bous où dirò Mathieu.

2

Se ieu bouliò, toutes boudret où creire,
Se ieu bouliò, fariò cado mestiò,
Sioi pas maladrech, ou poudet beni beire ;
Sioi pas maladrech, ah oui, de mous dech dets.

3

Se ieu bouliò, fariò 'n chau a la crèmo,
Se ieu bouliò, un pastissiò sario.
S'un cop ni tastat, mefisat-bous quand même,
S'un cop ni tastat lous dets bous en sauçat.

4

Se ieu bouliò, passariò las esprobos,
Se ieu bouliò, un noutari sariò.
De ciro n'auriò pes foutras d'embelopos,
De ciro n'auriò, lou cachet i mettriò.

5

Se ieu bouliò, bous fariò de boutinos,
Se ieu bouliò, un courdouniò sariò.
Las embiariòu mas poulidos besinos,
Las embiariòu et jamai ginglariòu.

6

Se ieu bouliò, fariò de cranos bestos,
Se ieu bouliò, un grond talhur sariò.
Sariòu d'alpaga, las mettriat per las festos,
Sariòu d'alpaga ; aùriat temps per paga.

7

Se ieu bouliò, fariò de bouono colo,
Se ieu bouliò, affichaire sariò.
Un pincel auriò, per passa la pus molo,
Un pincel auriò, piei tout asperjariò.

8

Se ieu bouliò, coupariò las perruquos,
Se ieu bouliò, un perruquiò sariò.
Tabè rasariò lous calucs, las calucos,
Tabe rasariò, piei las parfumariò.

9

Se ieu bouliò, bous fariò de saucissos,
Se ieu bouliò, un charcutiò sariò.
De bouon goudibèu fòu las tripos pus lissos.
De bouon goudibèu ni boudriat belèu.

10

Se ieu bouliò, ou m'òu dich à l'escolo,
Se ieu bouliò, un grond fegnant sariò.
Lesirio 'n journal, et fario 'no bricolo,
Lesiriò 'n journal jusqu'al pouen final.

11

Se ieu bouliò, mettriò ma fino besto,
Se ieu bouliò, un bouon moussu fariò.
Sauprìò parfuma mas brayos et ma testo,
Sauprìò parfuma, amai bien fuma.

Eglise d'Ispagnac.

# Lou jardinio

Er : *Le bon roi Dagobert.*

1

De tout lou Prat Bibat
Aco's ieu lou pus renoummat.
Coumo jardiniò,
Ai pas moun pariò.
Tabe moun plantun
Courre coumo un fun ;
A cent lègos d'aci
Bontou lou legun de " Bibi.

2

Bire coumo un pas res
Uno faisso, douos, amai tres.
Uei mi sente en trin,
Bòu ni bira cinq,
Sons lou mendre effouort
Qu'en besen moun houort
Co mi douno d'agué
Mai de bieure un cop atabé.

3

Laissat aqui l'ousta
Et benèt embe ieu bisita
Moun houort, qu'es poulit
Amai prou flourit:
Aici birat-bous
S'aimat las oudous,
Mès s'abet un bouon nas,
De detras co's un pau fourtas.

4

Del caire de l'adrech,
Ai aqui un pichot endrech,
Ounte cado jour
Bene fa moun tour.
Mi beiriat ploura
Coumo un biel gaga,
Mas cebos fòu effèt,
Qualitat prumieiro daffèt.

5

Aqui qu'es à l'ebès
I ai mettut de grono de brès
Toujour mi russis,
Que be de Paris,
D'un famus ousta
Qu'o pougut trouba
Lou gro del macaroun
Amai lou del chapel meloun.

6

Lous qu'aimat de planta,
Lou pouori, benèt n'arraba.
De chaus, se bous plai,
A la crèmo n'ai,
Et s'i abèt gous,
Bite engaugnat-bous.
Lous pus fis ni prendròu
Et de cougourlos debendròu.

7

Ai semenat anton
Caucos pèços d or endicon,
Per que preniou grel,
Ai mes lou parel.
Se pode russi,
Diròu de « Bibi » :
Aquel biel animal,
Del cop tuo lou capital.

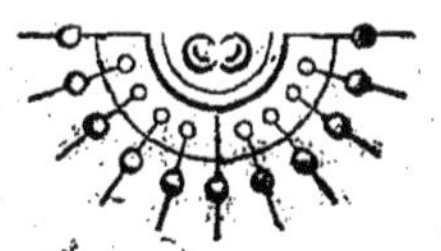

# LOU CHASSAIRE

D'aise *Musique de A. Brunel*

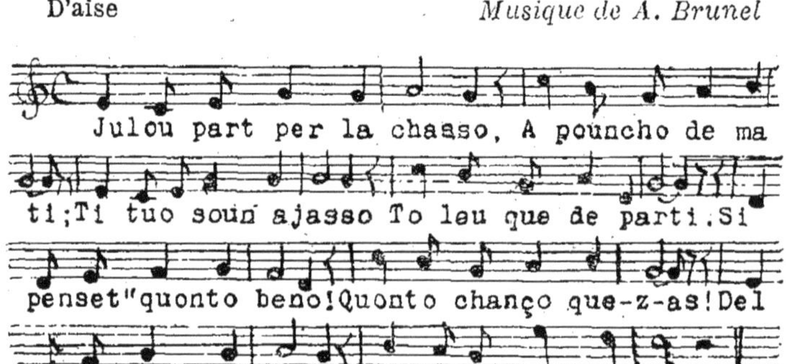


I

Julou part per la chasso,
A pouncho de mati ;
Ti tuo soun ajasso
To lèu que de parti.
Si penset « Quonto beno !
Quonto chanço que-z-as !
Del gibié n'as la meno,
Bredoulho noun saras. »

2

Per bioure à la gargalho,
Al fres, sous un auret,
Fai coumo la boulalho :
Quilho lou gargatet.
Uno pruno maduro,
Que si laissèt ana,
Toumbèt dins l'embouchuro
Et manquet l'escana.

3

En besen las prunetos,
Lou got li prusiguèt ;
Per las tasta fressetos,
Sur l'auret eschaguèt,
Ni mangèt tont, lou paure,
Un couffle tont faguèt
Qu'en dabalen de l'aure
Un boutou ni petèt.

4

S'arresto dins las plonos,
Pel dina de miech-jour ;
Mès las prunos trop bouonos
Li rebeniòu toujour.
De res o pas ebejo,
Et pot pas res tasta ;
Ausis, sous sa courréjo,
Soun bentre gourgoulha.

5

Li prend uno coulico,
Sent la testo rouda ;
Quicon si pagafico !
Si dis : « Co bai barda ».
Si toussiò, si plourabo,
Soun amo auriò rendut.
« Sai pas que si derrabo,
Sou cridèt, sioi perdut ! »

# LA NISADO

*Allegro* Musique A. Brunel

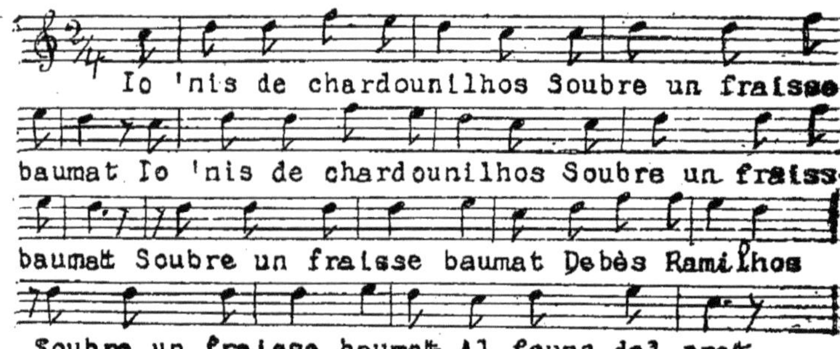


I

I o 'n nis de chardounilhos
Soubre un fraisse baumat, (bis)
Soubre un fraisse baumat,
Debès Ramilhos,
Soubre un fraisse baumat,
Al founs del prat.

2

La maire s'es joucado
Sul pibou per chanta, (bis)
Sul pibou per chanta,
A sa nisado,
Sul pibou per chanta,
Lous fa cluta.

3

Disiò dins sa roumanço,
Lou pays lou pus bel, (bis)
Lou pays lou pus bel,
Aco's la Franço,
Lou pays lou pus bel,
Après lou ciel.

4

Mous droulets, mas drouletos, } (bis)
Pieutat, pieutat pas pus,
Pieutat, pieutat pas pus,
Dins las branchetos,
Pieutat, pieutat pas pus,
Besescaucus.

5

Aco's la bièlho chato } (bis)
Que pel prat si rescouon,
Que pel prat si rescouon,
Jous uno fato,
Que pel prat si rescouon,
Finto quicon.

6

D'aquelo creaturo } (bis)
Bous cha demefisa,
Bous cha demefisa,
Qu'o la dent duro,
Bous cha demefisa,
Que bo dina.

7

Elo bai pes bouscages, } (bis)
Per cerca lous aucels
Per cerca lous aucels,
Que sou pas sages,
Per cerca lous aucels,
Cabits pes tuels.

8

Lous que desoubeissou } (bis)
A lur bouono mama,
A lur bouono mama,
Toujour perissou,
A lur bouono mama,
Si fòu manja.

# LOU PINTAIRE

Allegretto *Musique de A. Brunel*

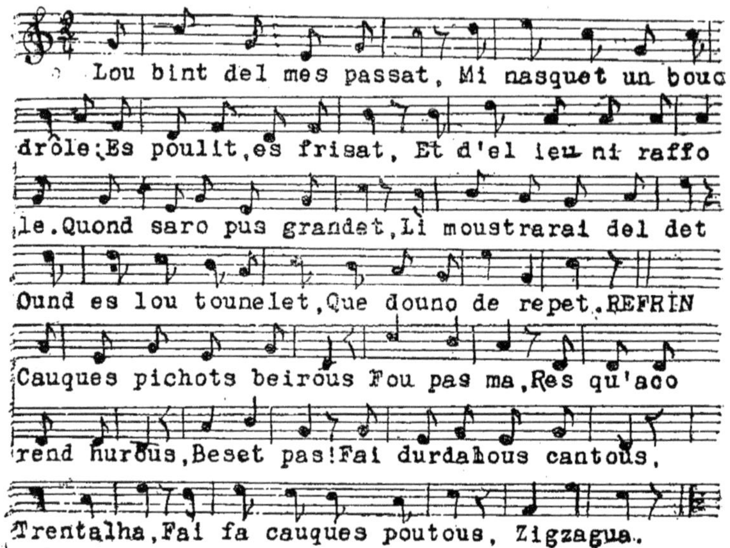


REFRIN

Cauques pichots beirous
Fòu pas ma,
Res qu'aco rend hurous,
Besèt pas !
Fai durda lous cantous,
Trentalha,
Fai fa cauques poutous,
Zigzagua.

I

Lou bint del mes passat,
Mi nasquèt un bouon drole :
Es poulit, es frisat,
Et d'el ieu ni raffole.
Quond sarò pu grandet,
Li moustrarai del det
Ound es lou tounelet,
Que douno de repet.

2

Lou fatou mi pourtèt,
D'aco i o pas à gaire,
Del nebout lou pourtrèt,
Qu'embouiabo moun fraire.
Fouguère to couutem
Que, soubre lou moumen,
Sons sourti de l'ousta,
Li faguère tasta :

3

Mous amits nou jamai
Eblidou pas ma festo,
Lou dous del mes de mai ;
Mettou la fino besto,
Benou tout simplament
Mi fa lur coumpliment,
Et ieu tout bouonament
Lur offre d'aigo-arden :

4

Nous chariò bira l'houort,
Que lou printemps arribo.
La terro es un trésor
Per aquel que cultibo.
Mès, per bien trabalha,
L'enche nous cha moulha,
Et, abon d'entrinqua,
Toutes anén trinquá :

Le Pont Neuf (Mende)

# BAPTISTOU

**Er** : *Que sai beniat doun fa, garçous de la mountogno.*

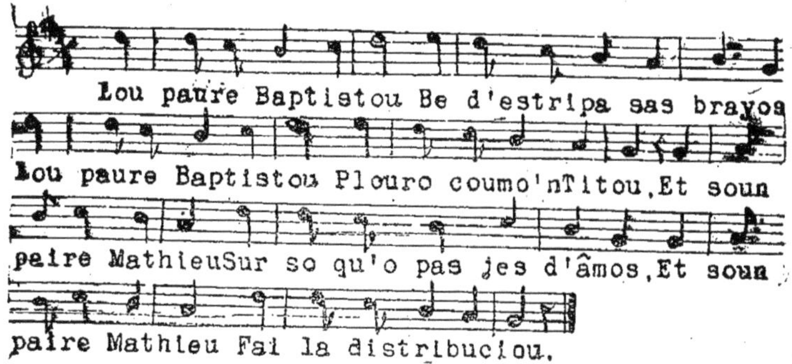


I

Lou paure Baptistou
Be d'estripa sas brayos,
Lou paure Baptistou
Plouro coumo 'n Titou,
Et soun paire Mathieu
Sur so qu'o pas ges d'âmos,
Et soun paire Mathieu
Fai la distribuciou.

2

Lou paure Baptistou
Be de salli sas brayos,
Lou paure Baptistou
Plouro coumo 'n Titou,
Et soun paire Mathieu
Sur so qu'o pas ges d'âmos,
Et soun paire Mathieu
Fai la distribuciou.

3

Lou paure Baptistou
Be de crema sas brayos,
Lou paure Baptistou
Plouro coumo 'n Titou ;
Et soun paire Mathieu
Sur so qu'o pas ges d'âmos,
Et soun paire Mathieu
Fai la distribuciou.

4

Lou paure Baptistou
Be d'espeta sas brayos,
Lou paure Baptistou
Plouro coumo 'n Titou ;
Et soun paire Mathieu,
Sur so qu'o pas ges d'âmos,
Et soun paire Mathieu
Fai la distribuciou.

5

Lou paure Baptistou
A l'ebès o sas brayos,
Lou paure Baptistou
Plouro coumo 'n Titou ;
Et soun paire Mathieu,
Sur so qu'o pas ges d'âmos,
Et soun paire Mathieu
Fai la distribuciou.

6

Lou paure Baptistou
S'es fa' rauba sas brayos
Lou paure Baptistou
Plouro coumo 'n Titou ;
Nadabo dins lou rieu
To bien que fòu las palhos,
Per sa counsoulatiou
Pan pan ! faguèt Mathieu.

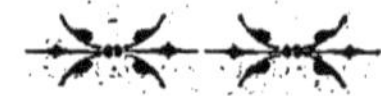

# LAS TRES COULOUS

Lento *Musique de A. Brunel*

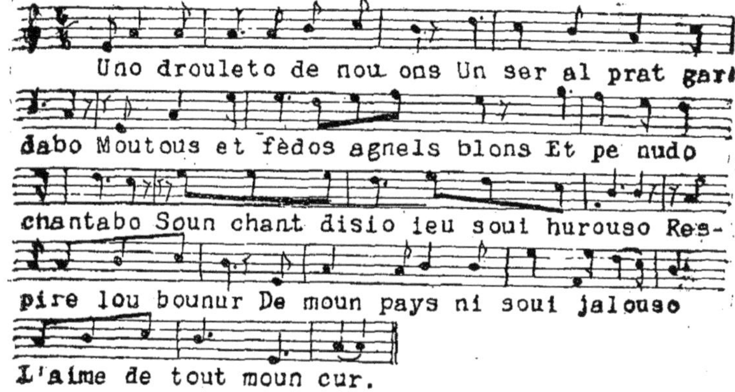


I

Uno drouleto de nòu ons,
Un ser al prat, gardabo
Moutous et fedos, agnels blons
Et pé nudo chantabo.
Soun chant disiò : Ieu soui hurouso,
Respire lou bounur,
De moun pays ni soui jalouso,
L'aime de tout moun cur.

2

Mi carre de culli las flous
Que tapissou la prado
Et de tria las tres coulous
Del drapèu que m'agrado.
Quond n'ai flourit moun blon coursage,
Un aucel abibat
Be chanta dins lou besinage :
Bibo lo libertat !

3

Plecat en dous un home biel
Benguèt bès la drouleto ;
Li dis en leben soun chapel :
O gento bloundineto,
Assegnat-mi qua del bilage
Emb' un paure mendiant
Bailario 'n lisquou de froumage
Et 'n moucelou de pan.

4

Assetat-bous, moun bouon Moussu,
Sou li respouon la drolo,
Qu' ai de pan, de froumage blu,
Dins moun paniò d'escolo,
Et s'ai pas de portomounedos
Per bous douna d'argent,
Bailou de lach màs brabos fedos ;
Bòu mouse coutinen.

5

Quond aguèt begut et manjat,
Aici 's pas uno histouèro,
Lou mendiant assetat pel prat,
Bouguèt mounstra qu'az-èro.
To lèu des nibous arribèrou
Touto uno proucessiou
D'angelous que si prousternèrou
Dabon lou Filh de Dieu.

6

Trasiòu de flous d'or et d'encens
Las anjos que chantabou.
Aginoulhats en memo temps
Moutous, fedos, biagabou.
Lou bouon Dieu prenguèt la paraulo,
Diguèt din sa bountat :
Lou que mi coubido à sa taulo
Aurò l'eternitat.

7

Bouono drouleto ti prendrai
Amoun al ciel ound règne.
Que toun er amistous mi plai !
Sou diguèt nostre Senhe,
Ou be t'accourdarai sur terro,
Per ti recoumpensa,
Ço que bourras, l'argent, la glouèro :
As pas qu'à demanda.

8

S'ausabe, bous demandariò,
Ou pense dins moun âmo,
De beni soubre bosto mo
Faire un poutou de flamo.
To lèu douos anjos la prenguèrou
Per embrassa lou Dieu
Que sas douos mos un jour sannèrou
Per nostro Redempciou.

9

Et lou bouon Dieu prenguèt plasé
De dire à Marineto :
Toun païs lou couneisse be
Et bole, ma drouleto,
Pougne un cur d'or rouge à la ganso
De toun bouquet de flous,
Et soubre las coulous de Franço
Faire tres bouos poutous.

Porche de l'église de Quézac

# LA ROUNDO

Allegretto

Er : *L'alouette sur la branche.*

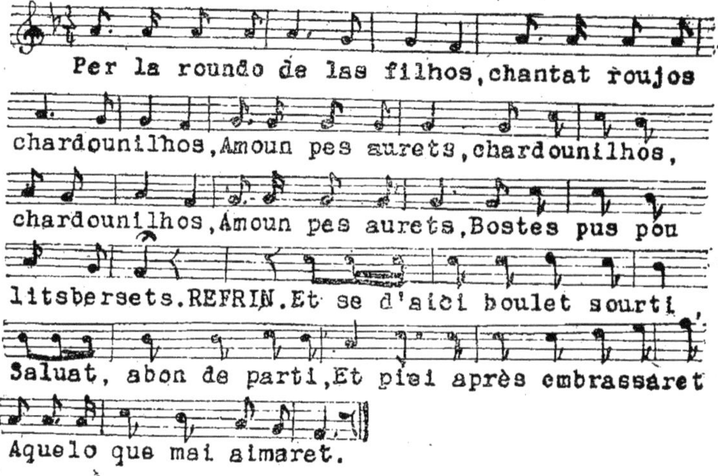


I

Per la roundo de las filhos,
Chantat, roujos chardounilhos,
Amoun pes aurets,
Chardounilhos, chardounilhos,
Amoun pes aurets,
Bostes pus poulits bersets.

REFRIN

Et se d'aici boulèt sourti,
Saluat, abon de parti,
Et piei après embrassaret
Aquelo que mai aimaret.

2

Bostos finos chansounetos,
Chantat roujos agausetos,
Amoun dins lous ers,
Agausetos, agausetos,
Amoun dins lous ers,
Fasèt de poulits councerts.

3

As cluchòs de las gleisetos,
Chantat, bloncos couloumbetos,
Quond bai lou tregnou,
Couloumbetos, couloumbetos,
Quond bai lou tregnou,
Boste amourous roucoucou.

# BIRGINIO

Allegro

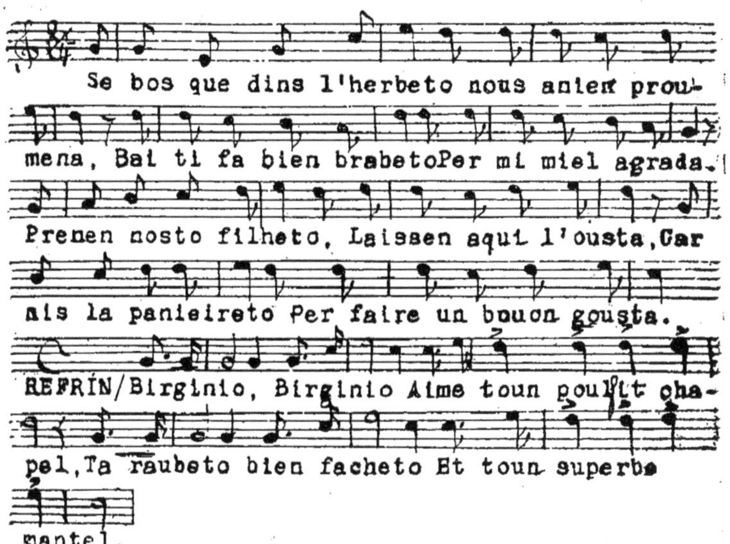


Refrin

Birginio, (*bis*)  
Aime toun poulit chapel,  
Ta raubeto bien facheto  
Et toun superbe mantèl.

I

Se bos que dins l'herbeto  
Nous anen proumena,  
Bai ti fa bien brabeto  
Per mi miel agrada.  
Prenen nostro filheto,  
Laissen aqui l'ousta,  
Garnis la panieireto  
Per faire un bouon gousta.

2

Cercaren bien l'oumbreto
Per nous miel esterpa ;
Faren la durmideto,
Qu'aqui non s'en fai pas,
Piei, dins sa chansouneto,
Cauque poulit quinsou
Nous diro : C'os l'houreto
De fa lou repassou.

3

Un moucèl d'òumeleto
Si laisso bien manja ;
Un pan de saucisseto,
N'i o pas per s'arresta.
Toumbaren la foulheto,
Qu'aco nous mes en trin,
Après l'ensagadeto,
Chantaren lou refrin.

4

Per tourna dins la bilo
Metren tout nostre temps,
Et, son nous fa de bilo,
Rebendren bien countens.
Per bien passa la bido
Del miel cha si souègna ;
A taulo bien serbido
Cha pas jamai fougna.

Pont Notre-Dame (Mende)

# Lou Gustou

Allegretto Er : *Quand mon grand-papa mourra.*

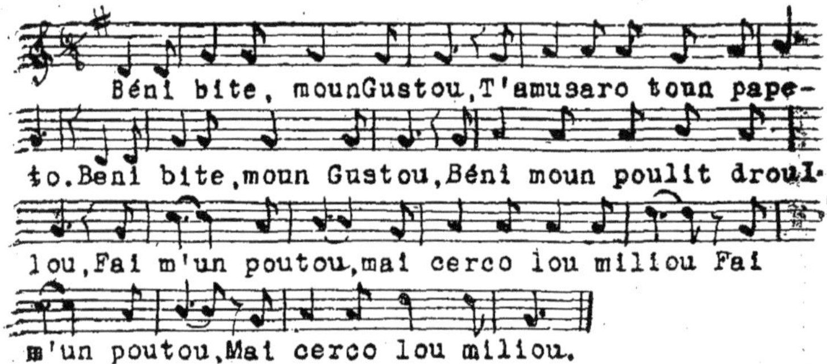


I

Bèni bite, moun Gustou,
T'amusarò toun papeto.
Bèni bite, moun Gustou,
Bèni, moun poulit droulou.
Fai m'un poutou
Mai cerco lou milhou. } (bis)

2

Soubre moun ginoul, Gustou,
Faren à la cabaleto.
Soubre moun ginoul, Gustou,
Faras ah-ih chabalou !
Hi hi hi hi !
Tu diras al pouli. } (bis)

3

Quond Gustou sarò pus bel,
L'habilharen coumo un home ;
Quond Gustou sarò pus bel,
Li croumparen un chapel,
Et d'escloupets
Que saròu poulidets. } (bis)

4

Quond Gustou sarò pus bel,
Ieu lou prendrai à la fieiro ;
Quond Gustou sarò pus bel,
Li croumparai un coutel,
Un balounet
Que sipplarò souguet. } (bis)

5

Quond Gustou sarò pus bel,
Sauprò garda la chabreto ;
Quond Gustou sarò pus bel,
Sauprò garda lou troupel.
Et soun chinou,
L'appellarò Perlou. } (bis)

6

Quond Gustou sarò pus bel,
Ieu li dounarai ma mouostro ;
Quond Gustou sarò pus bel,
Li bailarai moun rebel,
Moun asenet,
Amai moun oustaguet. } (bis)

7

Quond Gustou sarò pus bel,
Tout soul bieurò sa foulheto ;
Quond Gustou sarò pus bel,
Rirò dabon lou tounel ;
Al roubinet
Tastàrò lou binet. } (bis)

# L'ANGELUS DEL PAYSON

Er del : *Credo du Paysan.*

REFRIN

Coumbos et mounts de ma fièro Louzero,
Mi disèt, cado jour, qu' i o 'n Dieu, de pensa à-z-el,
De lou preja, lou mati mai lou sero :
Oui, crese en lou bouon Dieu, tont que bese un souguel. **(bis)**

I

Abon lou jour, lou peyson si lèbo,
De bouon mati s'appresto pel trabal,
Et sous efons, qu'òu ni pauso ni trèbo,
Saltou del liech al premiò chont del jal.
Où attagat et pres lou biel araire
Que tiraròu dous biòus plasens et fis.
Long del chami, lou filh ame lou paire
Où saluat lou souguel qu'espelis.

2

Al bièl cluchò, tres cops tindo l'Angelus ;
Lou campaniò s'eblido pas jamai.
Del founs del cur reciten noste Oremus,
Que lou boun Dieu nous coumble toujour mai,
Piei, pel trabal, quitten las matelotos,
Et semenen à planpoun lou froumen.
Toutes après, paire, pilhards, droulotos,
A pleno bouès chantaren en lauren :

3

Nous cha pausa : lous biòus sou dejà lasses,
Piquo miech-jour, es houro de dina.
Disen à Dieu, en crousen nostes brasses,
Lous Angelus que benou de souna.
Se sen balhents, al trabal, à la taulo,
S'aben santat, entrin, bouon appetis,
Certo ou duben, cresèt-nous sur paraulo,
A l'er fresset que chonto dins lous pis.

4

Mountat aici dins lou charre, sourretos,
Que tournaren à noste poulit mas.
Al souguel d'or, sus las crestos biouletos,
La nibou 'n fioc fai un superbe jas.
Remercien Dieu de sa brabo journado,
Del blat roussel qu'o laissat semena.
Ausèt tinda l'Angelus de toumbado,
Prejen, prejen, piei chantaren tourna :

5

Despachen-nous, la soupo nous espèro,
Et lou bouon er o 'gusat l'appetis.
« A taulo, efons ! » nous o sounats la mèro,
Toutes becquen coumo aucelous al nis.
A reire franc, cadu couonto la siono.
« Jesus ! mama ! » ralho lou menudou.
Lou couljo al brès nosto maireto bouono :
Lèu endurmit reibo à soun angelou.

Chapelle de Saint Méen, près Grandrieu.

# Carnabal

Er : *Adiou paure Carnabal.*

I

De bougnetos, de bougnetos
Mangèt tout lou Carnabal,
Et pifrèt tont de foulhetos
Qu'o 'no fièbre de chabal.

2

Faguèt souna lou noutari,
Per dicta soun testament ;
Coufessèt al grond bicari,
Mouriguèt d'esquichamen.

3

En apprenen la noubèlo,
De parents sutieirament
Benguèt uno ribanbèlo,
A soun grond enterrament.

4

I abiò soun bièl doumestico,
Amai lou bailet Justen,
Lou biel pastre Douminico,
Lou cousiniò Celesten.

5

Mai las tantos Jauséphino,
Anastasi, Pulchéri.
Birginio. Bitourino,
Pétrounilho, Félici.

6

Sas neboudos Prouserpino,
Sidounio, Janetoun,
Philoumèno, Séraphino,
Génebièbo, Marioun.

7

Las cousinos Andrelino,
Pelagio, Leoni,
Baptistino, Catharino,
Ulalio, Mélani.

8

Et sous ouncles Isidoro,
Simeon et Cyprien,
Frederic et Theodoro,
Alexis et Sébastien.

9

Toutes sous nebouts Ignaço,
Hippoulyto Maturen,
Marius, Roubert, Pancraço,
Ounezimo, Zephiren.

10

Amai sous cousis Basilo,
Poulicarpo, Seberen,
Saturnen, Bitor. Camilo,
Bounifaço, Bitourin.

11

Sous pichots-cousis Ulysso,
Barnabè, Daunis, Andrieù,
Nicoulas, Thoumas, Narcisso,
Pothen, Sylbestre, Mathieù.

12

Anèrou chez lou noutari,
Per lesi lou testamen.
Lur laissèt pas que lou garri :
Co si dis, bien courammen.

13

Co fouguèt Moussu Larougno,
Lou milhou de sous amics
Qu'heritèt de sa besougno :
Aro bous n'aben prou dich !

# MA COUSINIEIRO

Er : *Il était une bergère.*

I

Aco's ma cousinieiro,
Mari, Marioun, ma bono Marioun,
Aco's ma cousinieiro,
Del mestiò n'o lou doun, doun, doun,
Del mestiò n'o lou doun.

2

Mi te la soupo presto,
Mari, Marioun, ma bono Marioun,
Mi te la soupo presto,
Quond piquo lou bourdoun, doun, doun,
Quon piquo lou bourdoun.

3

Arribo la premieiro
Mari, Marioun, ma bono Marioun,
Arribo la premieiro,
Ieu toujours lou segoun, goun, goun,
Ieu toujours lou segoun.

4

Mi souègno coum' un prince
Mari, Marioun, ma bono Marioun,
Mi souègno coum' un prince,
Mi plon pas lou jamboun, boun, boun,
Mi plon pas lou jamboun.

5

L'antre jour, dins la soupo,
Mari, Marioun, ma bono Marioun,
L'antre jour, din la soupo,
I toumbèt soun lourgnoun, gnoun, gnoun.
I toumbèt soun lourgnoun.

6

Lous lapins lous assuquo,
Mari, Marioun, ma bono Marioun,
Lous lapins lous assuquo,
Del pic d'un cop de poun, poun, poun,
Del pic d'un cop de poun.

7

Mi fai cauquo tisono,
Mari, Marioun, ma bono Marioun,
Mi fai cauquo tisono,
Quond ieu n'ai bien besoun, soun, soun.
Quond ieu n'ai bien besoun.

8

Un sero la sutère,
Mari, Marioun, ma bono Marioun,
Un sero la sutère,
Al piano del saloun, loun, loun,
Al piano del saloun.

9

Quond mi mete en coulèro,
Mari, Marioun, ma bono Marioun,
Quond mi mete en coulèro,
Also bite lou toun, toun, toun,
Also bite lou toun.

10

Et quond chonto la grondo,
Mari, Marioun, ma bono Marioun,
Et quond chonto la grondo,
Ieu fòu lou barytoun, toun, toun,
Ieu fòu lou barytoun.

11

D'usses cops mi ramasso,
Mari, Marioun, ma bono Marioun,
D'usses cops mi ramasso,
Quond ieu dintre redoun, doun, doun,
Quond ieu dintre redoun.

12

Elo, quond esternudo,
Mari, Marioun, ma bono Marioun,
Elo, quond esternudo,
Lou truc respouon « achoun, choun, choun »,
Lou truc respond « achoun ».

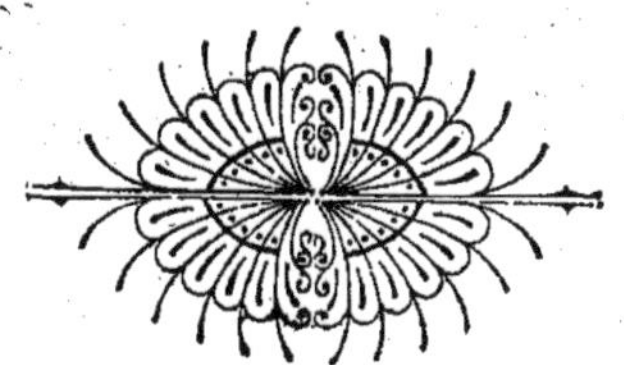

Château d'Orfeuillette, par La Garde (Albaret-Sainte-Marie).

# LA PASTOURELO

Er : *Inconstante bergeronnette.*

I

Aco's ieu, gaio pastourèlo,
Que tout lou jour chonto pel prat,
En garden ma chabro banèlo,
Mous moutous, moun aret banat.
Un agnel si duer dins ma fallo,
Un chabrit friso moun boutel,
Un quinsou, soubre moun espallo,
Be chanta soun hymno al souguel.

2

Musicien, ou sios de neissenço,
Quinsounet. toun chant m'o charmat.
Bejo aqui, per ta recoumpenso,
Dins ma mo, cauques gros de blat.
Ause al prat pieuta ta nisado :
Ai de pan, prend ni 'n moucelou.
Aro, fier, porto ta becquado :
Tournarios se n'abiòs pas prou,

3

Moun chinet, besèt s' el es sage ;
Branlo pas, mi finto brouda.
Be près d' ieu to lèu que l'agache,
Sap qu'aco 's per lou caressa.
L'ai appres à baila la pato,
A-z-urla, lous chaffres en l'er,
A coussègre sutiò la chato,
Pas japa quond moun frairet duer.

4

Al rajet, lou rieu mi cascalho ;
Trop lengut, chonto moun bounur,
Dis al luen qu'es fino ma talho,
Que moun cur es demourat pnr,
Qu'ai bint ons, que soui bèlo bloundo,
Qu' ai d'uelhous qu'aimou lous pastrous,
Que lou ser ieu fòu à la roundo,
Qu' as manits lur fòu de poutous.

5

A ginous que l'angelus souono !
Respoundèt, aucelous, en cur ;
Amai tu , pastrou de Chabono,
Louiset, l'amic de moun cur,
Peysons, pes chons, pes bilages,
Prejat Dieu pel mounde meschant,
Riches, paures, canalhos, sages,
Per l'efont que plouro soun pan.

# La chansou del mes de Mai

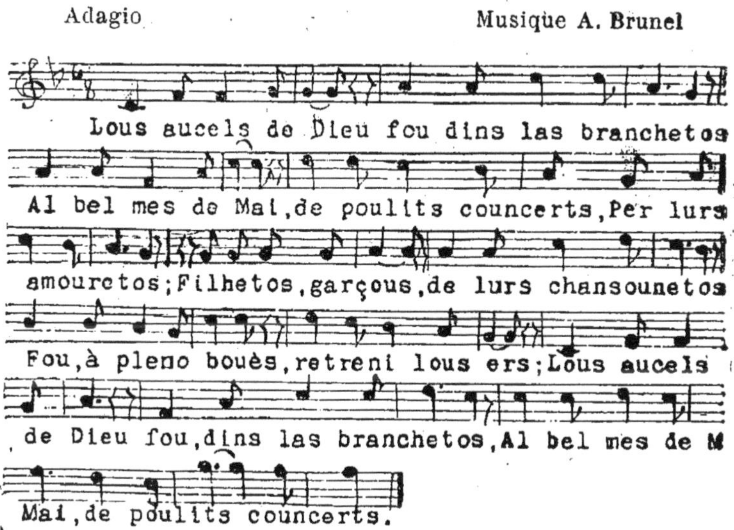


I

Lous aucels de Dieu fòu dins las branchetos,
Al bel mes de mai, de poulits councerts,
Per lurs amouretos ;
Filhetos, garçous, de lurs chansounetos,
Fòu, à pleno bouès, retreni lous ers ;
Lous aucels de Dieu fòu dins las branchetos,
Al bel mes de mai, de poulits councerts.

2

O raubo de Mai, sios de flous broudado,
Dins tous plisses d'or chonto lou printemps ;
Flourisses l'annado ;
Toun riche parfum la fai pus presado ;
Souris-nous toujours, nous rendes countents ;
O raubo de Mai, sios de flours broudado,
Dins tous plisses d'or chonto lou printemps.

3

Trases, dins lous prats, l'herbeto à brassados,
Sauren l'amassa, quond saròu dalhats,
A belos charrados.
Qu'amoun al bon Dieu montou las pensados
Per lou remercia de sous gronds befachs.
Trases, dins lous prats, l'herbeto à brassados,
Sauren l'amassa, quond saròu dalhats.

La Tour des Anglais, près Châteauneuf.

# LA BOURREIO EN LOUZERO

Er : *La Bourreio d'Aubergne.*

I

La Bourreio en Louzero
D'aco fi dansaren ; } bis
Lou mati mai lou sero,
Toujours la biraren. } bis

2

Al soun de la cabreto,
De bouon pè saltaren ; } bis
Et la fièro quatreto
Lestament crousaren. } bis

3

Lou joubenet Gusteto
Lous dets sap bien claqua, } bis
Et Janou, soun fraireto,
Del talou sap piqua. } bis

4

Albertou, lou bouon biquo,
Agachat-lou rouda ; } bis
Et, quond las dos mos piquo,
Escoutat-lou giscla. } bis

5

Tu, ma cabalieireto,
Embe ieu la faras ; } bis
Per uno drageireto,
A la fi souriras. } bis

6

Piei auras lou Camilo,
Ou, se bos, Nicoulas; } bis
Un tour embe lou Milo,
Un antre en lou Thoumas. } bis

7

Embe la Marineto,
Touèno la dansarò ; } bis
Et la Catharineto,
Lou Pierret la prendrò. } bis

8

Tanteto Felicïo,
Elo aurò Berthoumieu, } bis
La cousino Lucïo
Anarò 'mbe Mathieu. } bis

9

Noste leste papeto
Tabé farò soun tour : } bis
En la bono mameto
La birou bien toujour. } bis

# MARIOUN

Er : *Marguerite, elle est malade.*

1

Marioun es un pau bèguo,
Mès o pas jamais mentit ;
Marioun es un pau bèguo,
Mès o pas pas pas (*bis*)
Mès o pas jamai mentit.

2

Un jour anèt à la cabo,
Per cerca 'n litre de bi ;
Un jour anèt à la cabo,
Per cerca a a (*bis*)
Per cerca 'n litre de bi.

3

— De que fas, diguèt lou Mestre,
De tourna jamai beni ?
De que fas, diguèt lou Mestre,
De tourna a a (*bis*)
De tourna jamai beni ?

4

— Tou tounèl ma ma malaute,
Li cridèt d'abal Marioun :
Tou tounèl ma ma malaute,
Li cridè è èt (*bis*)
Li cridèt dabal Marioun.

5

— De qu'entende, dis la mestro,
Marioun si trobo ma ;
De qu'entende, dis la mestro,
Mariou ou oun (*bis*)
Marioun si trobo ma·

6

— As pas bien coumpres, ma fenno,
Lou tounèl bai pas, sou-dis ;
As pas bien coumpres, ma fenno,
Lou tounèl è èl (*bis*)
Lou tounèl bai pas, sou-dis.

7

— Me me mestre, dis la filho,
Ni po pode res sourti ;
Me me mestre, dis la filho,
Ni po po o o (*bis*)
Ni po pode re sourti.

8

— Courre as quatre, tu moun home,
Lou tounèl s'es dounat bon ;
Courre as quatre, tu moun home,
Lou tounèl è èl (*bis*)
Lou tounèl s'es dounat bon.

9

Trop sutiò dabalèt l'home,
Roudelèt per l'escaliè ;
Trop sutiò dabalèt l'home,
Roudelè è èt (*bis*)
Roudelèt per l'escaliè.

10

Beguèt Marioun ajassado,
Que tetabo al roubinet ;
Beguèt Marioun ajassado,
Que teta a a (*bis*)
Que tetabo al roubinet,

Château de Roquedols, près Meyrueis

# Marineto

Er : *Sons tu Pierrou mi sario maridado.*
Voir l'air page 65

I

Un roussignol
Un jour que souguelhabo,
Un roussignol
Chantabo coumo 'n fouol,
Al poulit quinsou
Que jalous l'escoutabo.
Al poulit quinsou
Disiò dins sa chansou :

2

Ai bist Janet
Embe la Marineto,
Ai bist Janet
Bras à bras pel pradet,
En si sourisen,
Culissiòu la biouleto,
En si sourisen,
Parlabou pas del temps.

3

Lou long del rieu
Toutes dous s'assetèrou,
Lou long del rieu
Demourèro 'n bouon briou.
Ausiguère bien
Tout ço que si diguèrou,
Ausiguère bien
Que n'ère pas trop luen.

4

Janet disiò :
T'aime bien, Marineto.
Janet disio :
Ieu bole, lou prumiò
Faire un poutounet
Sus ta roso bouqueto,
Faire un poutounet,
Beiras qu'aco 's bounet.

5

Diguèt pas nou,
Co probo qu'acceptabo,
Diguet pas nou.
Et sul cop lou pastrou
Li fai tres poutous,
Amai qu'aco petabo.
Daqueles tres poutous
Que ni fouguère hurous !

6

« Oh qu'aco 's bouo !
Sou diguèt la drouleto,
Oh qu aco 's bouo,
Gaire b' i tournario.
Tè, poulit galant,
Ieu sarai ta fenneto,
Te poulit galant,
Piquo aqui din ma man.

# LOUS BESSOUS

Er : *Quand le moulin tourne, Pierre se retourne.*

I

M'appèle Calisto
Et moun fraire Sisto :
Sen nascuts bessous,
Lou douge d'agous,
Debès Badarous.

2

Anen à l'escolo,
Prenen Anatolo
Nostre cousinet,
Qu'es bien pichoutet,
Amai mignounet.

3

Anen à las fieiros,
Croumpen de cilieiros,
De poulits sipplets,
Amai de sucets,
Que sen gourmandets.

4

Anen à las noços :
De drageiros grossos
Nantes ni sucen ;
Nous en regalen.
Et piei ni dounen.

5

Anen al reinage,
Qu'aco-z-es l'usage ;
Al cafè buben
Miech det d'aigo arden,
Qu'aco met en tren.

6

Anen à la bilo,
Sur l'ase d'Emilo ;
Lou fasen brama,
Amai salua ;
Et piei fai : Hi-ah !

7

Anen à la messo,
Touto la junesso ;
Prejen pes parents
Toutes nostes Sents,
Qu'amoun sou puissents.

8

Embe lou papeto,
Garden la chabreto,
Fedos et moutous ;
N'aben trento dous
Amai poulidous.

A LA BOURRÉE

# MA CABRETO

Bourrée — *Musique de A. Brunel*

Zou zou ma cabreto qu'aici bou dansa Drin
drin la direto Drin drin la dira Drin drin la di-
reto drin drin ladira

I

Zou, zou, ma cabreto,
Qu'aici bòu dansa, } bis
Drin drin la diréto,
Drin drin la dira. } bis

2

Gento pastourèlo,
Bailo-mi lou bras, } bis
Que beiras, la bèlo,
Se ti carraras. } bis

3

Dijo, mignouneto,
Tu, de que fasiòs, } bis
I o 'no miejoureto,
Soubre un pi pel bouos? } bis

4

Sabiò 'no nisado,
L'anabe cerca. } bis
Aro es recatado :
Ausis lous chieuta. } bis

5

Per saupre, Rouseto,
Ounte as tous aucels, } bis
Baile, ma cabreto,
Moun cur, mous agnels. } bis

6

Ai dins moun papache
Mes lous aucelets, } bis
Ou un fi catache,
Aqui sou challets. } bis

7

Laisso-mi, Rouseto,
Lous toucha 'n bricou, } bis
Que farai fineto
A cado aucelou. } bis

8

La gabio es clabado,
Aco si pot pas ; } bis
Cercou la becquado,
Bei-lous boulega. } bis

9

Uno minuteto,
Mouostro à toun Gustou } bis
Pas que la testeto
D'un brabe aucelou. } bis

10

Tè, li dis, espèro,
Lous bòu fa 'spincha, } bis
Bai ti fa lanlèro,
Lous laisso esciapa ! } bis

# MA THERESETO

Andantino

Er : *O Magali*

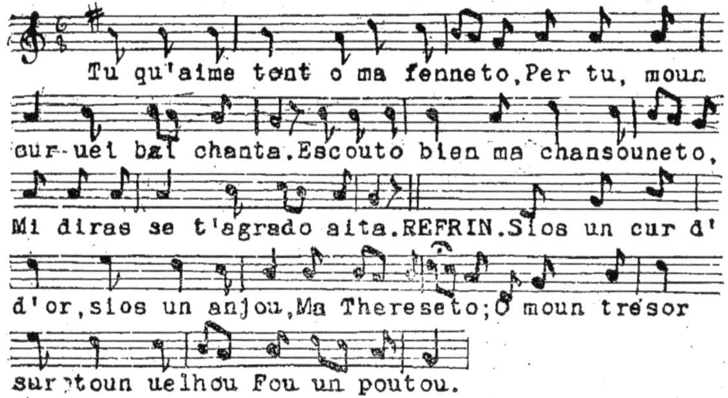


REFRIN :

Sios un cur d'or, sios un anjou,
Ma Thereseto ;
O moun tresor, sur toun uèlhou
Fòu un poutou.

I

Tu qu'aime tont, o ma fenneto,
Per tu, moun cur uei bai chanta,
Escouto bien ma chansouneto,
Mi diras se t'agrado aita,

2

Dins lous uèlhous de ma bruneto,
Bene souben me miralha :
Et quond i ai bis ma figureto,
En amourous bolè ralha.

3

Mi bai al cur ta boues clareto,
Que charmariò lous aucelous,
Et quond mi fas uno riseto,
Degus mai qu' ieu n'es pus hurous.

4

Quond mi dounères la drouleto,
Ieu ti diguère, Theresou,
L'appelaren Margarideto :
Ti plaseguèt quel poulit nou.

5

Quond soui enquiet et que ti cride,
A moun couol pas es tous brassous ;
A toun sourire mi deride,
Et soui tourna pus amistous.

6

Ta gulho, per ieu, per ta filho,
Bèlho bien tard, quond sen al liech :
O bon anjou de la familho,
T'enduermes pas qu'à mièjo-nuech.

Eglise de Florac

# La chansou del Papa

Presto

*Musique de A. Brunel*

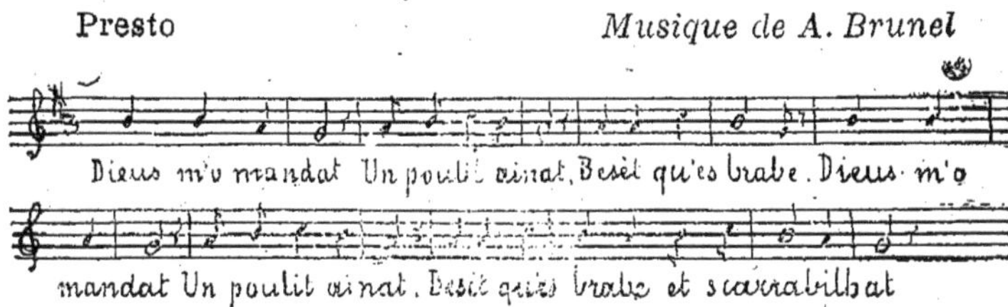


I

Dieu m'o mandat
Un poulit ainat,
Besèt ques brabe !
Dieu m'o mandat
Un poulit ainat,
Besèt qu'es brabe
Et 'scarrabilhat.

2

O d'uels couquis,
Et quond mi souris
Bese sa maire.
O d'uels couquis
Et quond mi souris
Bese sa maire
Qu'es al Paradis.

3

Dis : pa pa pa,
Per si fa garda,
Fai sa ralheto ;
Dis : pa pa pa
Per si fa garda
Fai sa ralheto
Que ni finis pas.

4

Moun Dieu Segnou,
Besèt qu'es sajou !
Fai sa prièro,
Moun Dieu Segnou,
Besèt qu'es sajou,
Fai sa prièro
Benesissèt-lou.

5

Li fòu no-no,
En chanten do-do,
Douos chardounilhos ;
Li fòu no-no,
En chanten do-do.
Douos chardounilhos,
Sul fraisset del plo.

6

Mama, mama,
Beni l'embrassa
Aquelo angeto.
Mama, mama,
Beni l'embrassa
Aquelo angeto
Que be de cluta.

7

Qu'es amarmit
Quond duer moun manit,
Ris à sa maire ;
Qu'es amarmit
Quond duer moun manit,
Ris à sa maire
Dins lous ciel poulit.

Château de Soulages (Auroux).

# Lous Calçous

Er : *As traucat la lebito...*
Même air que (*Lou Thoumas*).
*La Polka je n'aime que ça.*

I

Bene d'estripa mous calçous,
Jousephino, (*bis*)
Bene d'estripa mous calçous.
Et ni soui tout bergounhous.

2

Ai bien ausit craqua quicon,
Jousephino, (*bis*)
Ai bien ausit craqua quicon,
En soulleben un gros ron.

3

Se lous mi bouliòs petassa,
Jousephino, (*bis*)
Se lous mi bouliòs petassa,
Ieu lous ti farai passa.

4

Amai t'engulharai lou fia,
Jousephino, (*bis*)
Amai t'engulharai lou fia,
Dins la gulho coumo cha.

5

Auras pas qu'un pau sampouna,
Jousephino, (*bis*)
Auras pas qu'un pau sampouna :
D'aquel temps bòu chantouna.

6

Ieu t'appèle moun bouon fennou,
Jousephino, (*bis*)
Ieu t'appèle moun bouon fennou,
Ma Fineto, ma Finou.

7

Se la besiat coumo o bouon biais,
Jousephino, (*bis*)
Se la besiat coumo o bouon biais,
Et per elo soui debiais.

8

Tabé l'aime de tout moun cur,
Jousephino, (*bis*)
Tabé l'aime de tout moun cur :
Ou mi rend en de bounhur.

9

Ieu de suito la pagarai,
Jousephino, (*bis*)
Ieu de suito la pagarai :
Tres bouos poutous li farai.

Chateau de St-Lambert (Marvejols)

# Lou chapladis de las Bestios

Allegretto — Musique d'A. Brunel

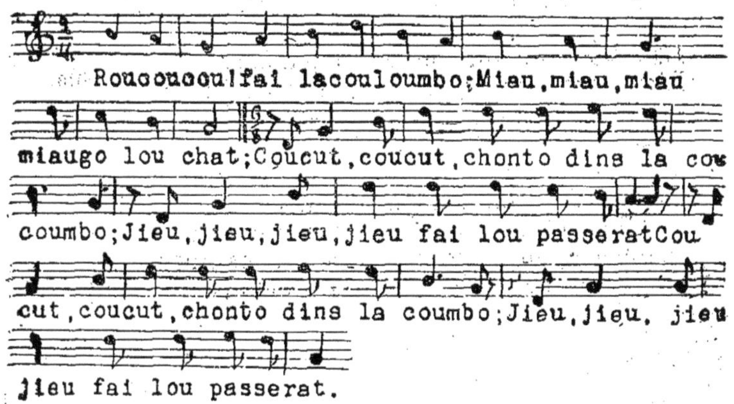


I

Roucoucou ! fai la couloumbo ;
Miau, miau, miau miaugo lou chat ;
Coucut, coucut, chonto dins la coumbo ; } bis
Jieu, jieu, jieu, jieu, fai lou passerat. }

2

Fòu couen, couen nostos canetos ;
Pieu, pieu, pieu lous poulginous ;
Cou cou cou d'ascò fòu las pouletos ; } bis
Hau, hau, hau, hau japou lous chinous. }

3

Meueuh, meueuh, meueuh crido bacheto ;
Couah, couah, couah crido tu, gral ;
Hi, ha, hi, ha bromo tu, saumeto ; } bis
Kocorico ! cascalejo, jal. }

4

Fai tir, lir, bèlo agauseto ;
Bè, bè, bè, blonc agnelou ;
Bè è è èt, biago la chabreto ;
Hi, hi, hi, hi, fai lou chabalou. } bis

5

Fòu tri, tri, las hiroundèlos ;
Groui, groui, groui lous lachentets ;
Hu, hu, hu, hu, fòu las duganèlos ;
Rieu, chieu, chieu, chieu lous roussignoulets. } bis

6

Palpaba ! chontou las calhos ;
Clou, clou, clouc, lous grapalhous ;
Cou ic, cou ic, lous rats per las palhos ;
Beu euh, beu euh, fòu lous bedelous. } bis

# ES MIÈJO-NUECH !

## Nada Louzerien

*Er : Minuit, chrétiens.*

I

Es mièjo-nuech ! ah ! tregnoulat camponos,
Anjos, chantat, dins lous ers, Gloria.
Joubes et biels, des serres, de las plonos,
Acampat-bous : benèt festa Nada.
Galdrat la nèu, dins l'auro que fournèlo ;
Bous chaufaret al souc de Nadalou.
Fintat al ciel : amoun lusis l'estouèlo
Del Dieu, del Dieu que s'es fach efantou. (*bis*)

2

Es mièjo-nuech ! Jesus nais dins l'estable :
Pastres et reis, adourat l'Efon-Dieu.
D'un efontou Dieu o pres l'er affable,
Mino amistouso et sourire agradieu.
Coulou del ciel o d'uèlhous ples de bido,
Et des frouments sous piès òu l'or roussel.
Bous tend sas mos, bous dis, manit, manido :
« Benèt, frairous, ieu bous prendrai al ciel. » (*bis*)

3

Paure efontou, l'accablo la misèro,
Et be mouri pel paure peccadou.
Co's nostre Dieu, fasen-li 'no prièro.
Nous jujarò : demanden-li perdou.
Pichot et grond, juren que soubre terro,
A parti d'uei, lou serbiren milhou ;
Que la Louzero, à l'amo forto et fièro,
Del Christ, del Christ sarò lou defensou. (*bis*)

Eglise d'Allenc

# Per la Festo de l'Armistiço

Er : *Le chant du départ.*

REFRIN :

En letros d'or, lou noum des brabes
Sur lou marbre l'aben grabat.
Per la Franço, moun Dieus, ou sabes,
Soun song la Louzero o dounat.

I

Jamai eblidaren qu'on sounèrou l'alarmo.
Lous balhens diguèrou : « Present ! »
A l'appel de lur noum, per serbi dins lur armo.
S'illustrèrou dins lur regiment :
Lur noum es escrit dins l'histouèro :
En brabes sou mouorts, ou saben.
Toujours sou dins nostro memouèro ;
La nuech lous besen en reiben.

2

Culissèt de bluets, de blonchos margaritos,
Et de rouges coucolicots.
O souldats de Berdun, fasèt lur de bisitos ;
Apprenèt à bostes pichots,
A flouri souben lur demouoro,
Et quon bendrò lur bout de l'on,
Dabon lou bouquet tricoloro.
Prejat per lous fraires del front.

3

Plouret pas, biels parents, paures manits ou biousos,
Amoun toutes lous retroubaren :
Dins lou bel Paradis coi d'âmos bien hurousos,
Courounados per lou Tout-Puissent,
Chontou soun eternèlo glouèro.
Emb'eles d'aici prejaren,
Lou rei del Ciel et de la terro ,
A z'El la Pes demandaren.

# LA CHANSOU DEL NENET

Andantino — Er : *Prosper, d'oun benes tu.*

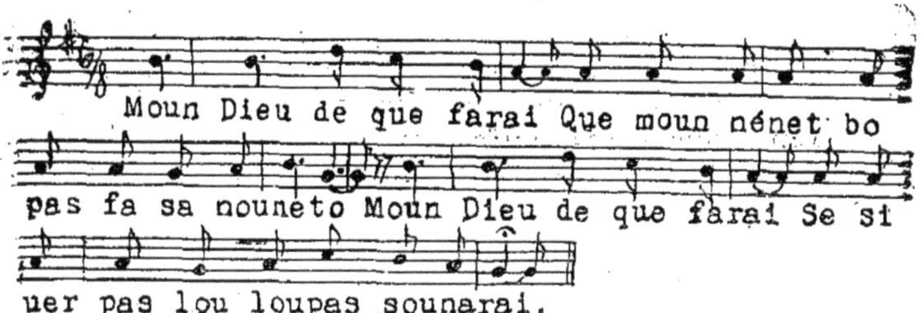


I

Moun Dieu, de que farai,
Que moun nenet bo pas fa sa nouneto ;
Moun Dieu, de que farai,
Se si duer pas, lou loupas sounarai.

2

Loup, loup, despacho-ti,
Que moun Janet plouro dempiei uno houro ;
Loup, loup, despacho-ti,
Que troubaras à manja per qu'aici.

3

Janet belèu o set,
S'endurmiro quond saro dins ma fallo ;
Janet belèu o set,
Tè, moun « ratou », fai un pau de tetet.

4

Ris, ris, lou mieu manit,
Bai-t'en, loupas : moun droulet es bien sage ;
Ris, ris, lou mieu manit,
N'i o pas en lioc un que sio pus poulit.

5

Ai, ai, poulissounet,
Ti couparai la denteto pounchudo ;
Ai, ai, poulissounet,
M'as fa « momo », bai-t'en dins lou bresset.

6

Nono, t'ai bist beni,
Ban, ban, ban, ban, ti bòu durbi la porto ;
Nono, t'ai bist beni,
Toutes dous finten moun nenet durmi.

7

Ciel, ciel, à qua souris,
En nous moustren sas tres blonchos dentetos ;
Ciel, ciel, à qua souris,
Ou nous diras, anjo del Paradis.

Porte de Chanelle (Marvejols).

# BITORINO

Er : *N'abio quatre cabretos.*

I

Uno gento persouno,
Mi diguèt : Baptistou,
Sabe uno picarouno,
Que t'agradariò prou.
Laichou la la,
Ladèridèra.
Baptistou,
Tourno mi fa 'n poutou.

2

S'appelo Bitorino,
Crese que sèt d'un temps,
O la chabilho fino,
Amai de brabos dents.
Laichou la la,
Ladèridèra,
Baptistou,
Tourno mi fa 'n poutou.

3

O la mino tont fresso.
Qu'uno poumo d'amour,
Es toujours fouort bien messo,
Semblo un pichot amour,
Laichou la la,
Ladèridèra,
Baptistou
Tourno mi fa 'n poutou,

4

Soun superbe bisage,
Respiro lou bounur,
Rescouon jous soun coursage,
Sûrament un bouon cur.
Laichou la la,
Ladèridèra,
Baptistou,
Tourno mi fa 'n poutou.

5

Coumo 'no carpo 's mudo,
Co bai ti decida,
Qu'es pas jamai foutudo,
De ti pouire crida.
Laichou la la,
Ladèridèra,
Baptistou,
Tourno mi fa 'n poutou.

6

Uno òucasiou pareillo,
La laisses pas parti
Aco toumbo à merbeillo,
Sios sourd coumo un toupi.
Laïchou la la,
Ladèridèra.
Baptistou.
Tourno mi fa 'n poutou,

7

Co sariò bien dòumage,
De pas la demanda,
Que fariat un meinage,
Coumo 'n lioc s'en bei pas.
Laichou la la,
Ladèridèra,
Baptistou.
Tourno mi fa 'n poutou.

# LA NIEIRO

Bourrée Er : *Montabe la marmito.*

I

Un jour, à la ribieiro,
Beguère Marinou,
Que cercabo 'no nieiro
Lou long de soun brassou.
Tra la la la la la la (*bis*)
Tralèro la la la.

2

Li diguère : Ma drolo,
Se bos, t'ajudarai ;
Gantarai la bestiolo
Que t'o pougnudo 'n lai.
Tra la la la la la la (*bis*)
Tralèro la la la.

3

— Nou, nou, diguèt de suito,
Tont aco la sutèt.
Quond bei qu'aco's Poulito,
Co la charabirèt.
Tra la la la la la la (*bis*)
Tralèro la la la.

4

Et sutiò, sa maisseto
Roujo ni debenguèt.
Sous uels, la mignouneto,
De suito lous clutèt.
Tra la la la la la la la (*bis*)
Tralèro la la la.

5

Brabo bujandieireto,
D'ieu n'ajes pas trop pòu,
Ti prendrai per fenneto,
T'habillarai de nòu.
Tra la la la la la la la (*bis*)
Tralèro la la la.

6

Et d'ou dire à soun paire
Nantres combenguession.
— « Oui », mi diguèt sa maire ;
Et nous maridession.
Tra la la la la la la la (*bis*)
Tralèro la la la.

7

Aben quatre drouletos
Et dous poulits bessous.
Que gardou las bachetos
Amai nostes moutous.
Tra la la la la la la la (*bis*)
Tralèro la la la.

8

Nosto famuso nieiro
Dumpiei la counserben :
Quello particulieiro
Coufis dins l'aigo-arden.
Tra la la la la la la la (*bis*)
Tralèro la la la.

Tombeau romain (Lanuéjols)

# L'EMBARRASSÉ

Er : *La Youyette*

I

Bien le bonjour, même à la compagnie, (*bis*)
Ze viens z-ici pour vous chanter,
Gardez-vous bien de m' la couper. } (*bis*)

2

Hier z'ai trouvé z-un homme sur la route, (*bis*)
Et qui me dit, chemin faisant,
Ze cerce un gendre y a fort du temps. } (*bis*)

3

Des fois qui n'y a ze pourrais fair' l'affaire, (*bis*)
Ze suis garçon, si ça vous va,
Cez vous de suite, emmenez-moi. } (*bis*)

4

Sitôt cez lui z'ouvrais l'œil et la bonne (*bis*)
Car vous saurez qu'il lui restait,
Rien que sept fill's à marier. } (*bis*)

5

I avait d'abord Fanny, que c'est l'ainéye (*bis*)
Mais une écelle aurait fallu
Quand l'embrasser z'aurais voulu. } (*bis*)

6

Ensuite y avait Catin qu'est la catette, (*bis*)
Z-une bonbonn' qu'on z'aurait dit :
Ça pouvait pas fair' pour Bibi. } (*bis*)

7

Et puis y avait une que c'est Sophie, (*bis*)
Elle était plate, nom de sort,
Que ça semblait un z-hareng saur. } (*bis*)

8

Y avait en plus la pauvre Dorothéie, (*bis*)
Qu'a z-une bosse par devant
Et dans le dos pareillement. } (*bis*)

9

Y avait encor' celle qu'on nomme Barbe, (*bis*)
Barbue comme un sapeur était.
M'aurait souvent estiplassé. } (*bis*)

10

Y avait en sus Manzelle Scholastique, (*bis*)
Celle-là m'aurait presque plu,
Mais m'avait l'air d'être un peu bu. } (*bis*)

11

Et la septièm' c'était la Bécassine, (*bis*)
Aux cochons donnait à manger,
N'a pas voulu se déranger. } (*bis*)

12

Alors m'ont dit beau père et belle mère, (*bis*)
Disez-nous quel est votre choix.
Z'ai dit : ze suis dans l'embarras. } (*bis*)

13

Z'ai demandé z-un jour pour la réponse, (*bis*)
Faut dans deux heure' me décider,
Disez-moi qui que vous prendriez. } (*bis*)

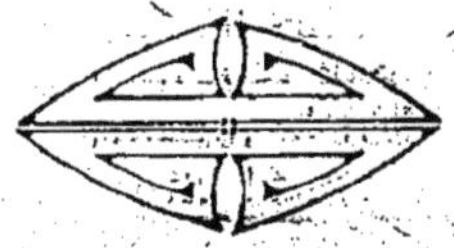

# Lou Nadalet des Aucelous

Er : *Sous le beau ciel de la Judée.*

REFRIN

Toutes en cur chanten, chanten :
Dins la Louzero,
Pichot Jesus, t'aimen, t'aimen
Et t'adouren.

I

Un angelou del ciel dabalo,
Per fa parla lous aucelous
Benguts de luen, à tiro d'alo,
Malgrè la nèu, lou temps affrous.

2

Cadun à tour dins la masuro,
Près del bressou bendrò chanta,
Un angelou bat la mesuro,
Dis : « Chut ! chut ! chut ! » per fa 'scouta.

3

« Roucou ! roucou ! » fai la couloumbo,
End espinchen al fenestrou ;
« Roucou ! roucou ! que la nèu toumbo
Laissat m'intra, brabe angelou ».

4

Lou roussignol sou dis de suito :
« Moun pus poulit rieu chieu chieu chieu,
Lou chonte à Dieu dins ma bisito ;
Moun cur es sieu, sieu, sieu, sieu, sieu. »

5

Sur l'Efont toumbo uno larmeto,
De l'uel blu de la Bierjo en plour.
El la bequèt sur sa jauteto :
Dumpiei pus clar chonto toujour.

6

« Besèt, besèt, fai l'agauseto,
L'estouèlo d'or qu'amoun lusis. »
Pausado sul det d'uno angeto,
Dis : « Tir, lir, lir ! » et Dieu li ris.

7

Un quinsounet, en reberdilho,
Li dis, jouquat sur sous penous :
« Benesissèt, dins la charmilho,
Lou rieu pieu pieu des aucelous. »

8

Chardounilhou, dins sa roumanço,
Joyous, chonto à l'Efont del Ciel :
« Front blu, blonc, rouge, ieu soui de Franço,
Pays que bous aimo lou miel. »

Château de Brion (près Fournels).

# LOU POULITOU

Er : *La tour prends garde*

I

Hier un jandarmo (*bis*)
O groupit Poulitou,

2

A la ribieiro, (*bis*)
En trin de mantasta.

3

LOU GENDARMO :

Disez-moi, drôle, (*bis*)
De quoi vous faisez-là.

4

POULITOU :

Coumprene brico (*bis*)
A ço que mi disèt.

5

LOU GENDARMO :

Pas fair' l'andouille, (*bis*)
Sans quoi l'on t' bissera.

6

POULITOU :

Pas 'n mot sesisse, (*bis*)
A boste franciman.

7

LOU GENDARMO :

Compendras bite, (*bis*)
Qu'as un pousso-trabal.

8

POULITOU :

Aquelo bestio, (*bis*)
Ieu la couneisse pas.

9

LOU GENDARMO :

Couci t'appèles, (*bis*)
Espèci de mèchous ?

10

POULITOU :

Embe moun paire (*bis*)
Aben lou memo noum.

11

LOU GENDARMO :

Qua-z-es toun paire, (*bis*)
Foutut poulissounot ?

12

POULITOU :

Acos Jean Foutro, (*bis*)
Jean Bau per soun escai.

13

LOU GENDARMO :

Qua-z-es ta maire, (*bis*)
Pas besoun de ploura.

14

POULITOU :

La miono maire (*bis*)
Co z-es Catin Babeu.

15

LOU GENDARMO :

Mi chariò saupre (*bis*)
S'as pas un pichot noum.

16

POULITOU :

De coch moun mestre (*bis*)
M'appello Toupinas.

17

LOU GENDARMO :

A quon bilage (*bis*)
Est'i qu'as bis lou jour ?

18

POULITOU :

Aco's à Gniano (*bis*)
Dinc un pays perdut.

19

LOU GENDARMO .

En quonto annado ? (*bis*)
Aumens mentissies pas.

20

POULITOU :

L'on que las truffos (*bis*)
Abiòu tont réussit.

21

LOU GENDARMO :

Quono mesado, (*bis*)
Se t'en pos soubeni.

22

POULITOU :

Quond las cougourlos (*bis*)
Sou prestos à manja.

23

LOU GENDARMO :

As de memouèro, (*bis*)
Saupras be quonte jour.

24

POULITOU :

Fasio' scursino, (*bis*)
Co's èro à miejo nueoh.

25

LOU GENDARMO :

Sios pas un ase, (*bis*)
Que m'as trop bien respouos.

26

POULITOU :

Se soui pas 'n ase, (*bis*)
M'òu be tretat de pouor.

27

LOU GENDARMO :

Qua-z-es, pechaire ! (*bis*)
Qu'ausèt ti dire aco.

28

POULITOU :

Aco's lou Touèno (*bis*)
Quond li diguère aiço.

29

LOU GENDARMO :

Que li diguères, (*bis*)
Am aquel bazanat ?

30

POULITOU :

Se sabes courre, (*bis*)
Eh be, attrapo aquel.

31

LOU GENDARMO :

Eh be moun drôle (*bis*)
Pos courre tu tabé.

Château de Condres (St-Bonnet-d'Auroux)

# LA LOUZERIÈNO

Er : *Montagnes Pyrénées.*

REFRIN

Chanten toujours (*bis*), ô Louzeriens, (*bis*)
Noste pays (*bis*), la terro des anciens.
Tra là la la la la (*bis*)
Tra la la la lala (*bis*)
Jamai (*ter*)
Un Louzerien (*bis*)
Jamai (*ter*)
Un Louzerien s'en fai,
Jamai (*bis*)
Un Louzerien s'en fai.

I

Jogo-nous, ô bon pastre,
Sul pifre, tous biels ers.
Quond renais lou bel astre
Dei Rei de l'unibers,
Biro ta chansou matinieiro,
Joucat soubr'uno rounquilieiro.

2

Chonto-nous ta cabono,
Toun amistous chinet,
Tous bloncs moutous, lur lono,
Et lou superbe aret.
Chonto pei serres, per lai sognos.
Nostre ciel blu, nostros mountognos.

3

Mountognos de Louzero,
Sèt moun poulit séjour :
Biòuguetos cado sero,
Bluos quond nais lou jour ;
De blonc, l'hiber ni sèt sallhados,
D'or, tout l'estieu ni sèt catados.

4

Aucels en repetilho,
O chantres del bouon Dieu,
Abal dins la ramilho
Faset rieu chieu chieu chieu.
Emb'eles, ô pastoureletos,
Chantat lous prats et las flouretos.

5

Souguel de ma patrio,
Pays de mas amours,
O Louzero, ma mio,
Bous aimarai toujours,
Et chantarai touto ma bido
Des grands la terro benesido.

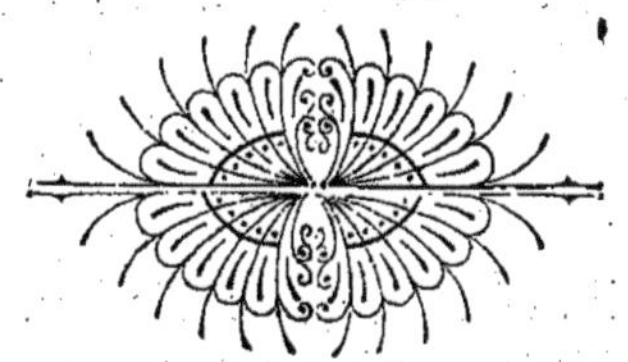

# REBELHAT-BOUS!

Andantino

Musique J. Rabier

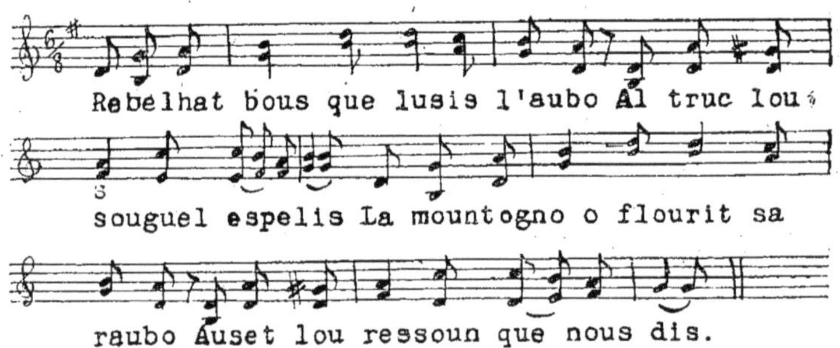


Polka

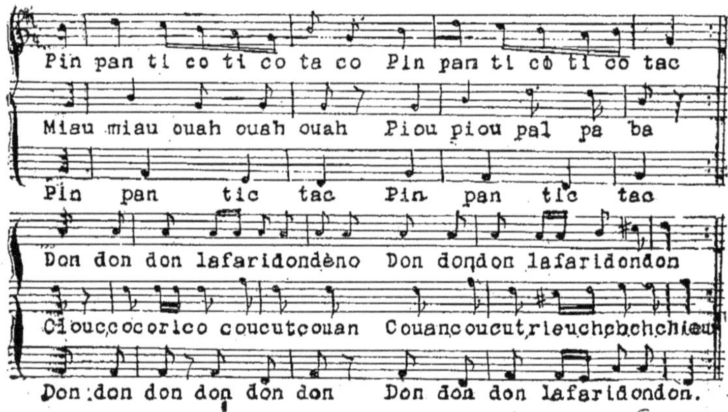


REFRIN

Rebelhat-bous, que lusis l'aubo,
Al truc lou souguel espelis,
La mountogno o flourit sa raubo ;
Ausèt lou ressoun que nous dis :

Pin pan ti co ti co ta co
Pin pan ti co ti co tac
Miau miau ouah ouah ouah
Piou piou pal pa ba
Pin pan tic tac
Pin pan tic tac
Don don don la fa ri dondèno
Don don don la fa ri don don
Clouc, cocorico, coucut, couan,
Couan, coucut, rieu chieu chieu chieu, chieu,
Don don don don don don
Don don don la fa ri don don.

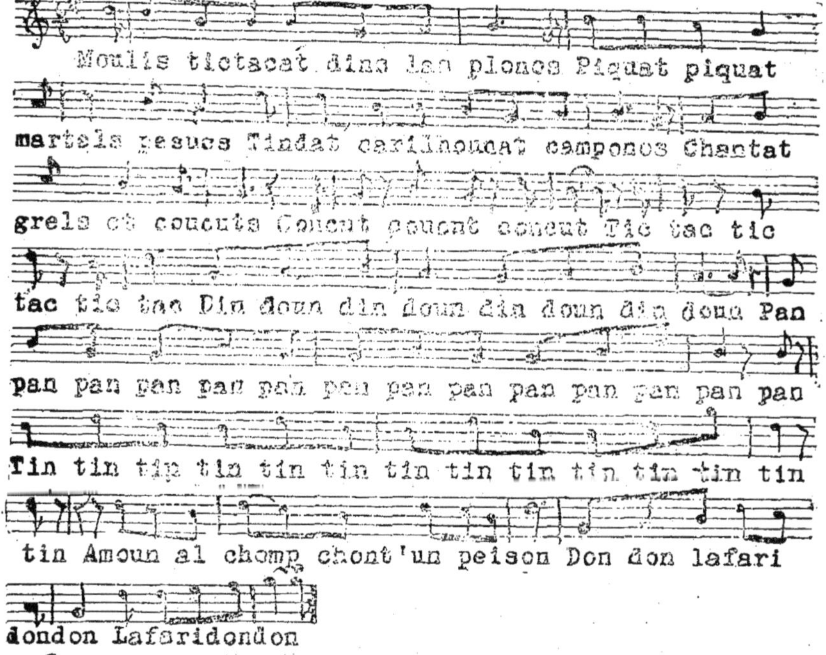


Moulis tictacat dins las plonos,
Piquat, piquat, martels pesucs,
Tindat, carilhounat, camponos,
Chantat, grels et coucuts,
Coucut, coucut, coucut.
Tic tac tic tac tic tac,
Din doun din doun din doun din doun,
Pan pan pan pan pan pan pan pan pan pan pan pan pan
Tin tin tin tin tin tin tin tin tin tin tin tin tin tin,
Amoun al chomp chont' un peison
Don don la fa ri don don
La fa ri don don.

Andantino

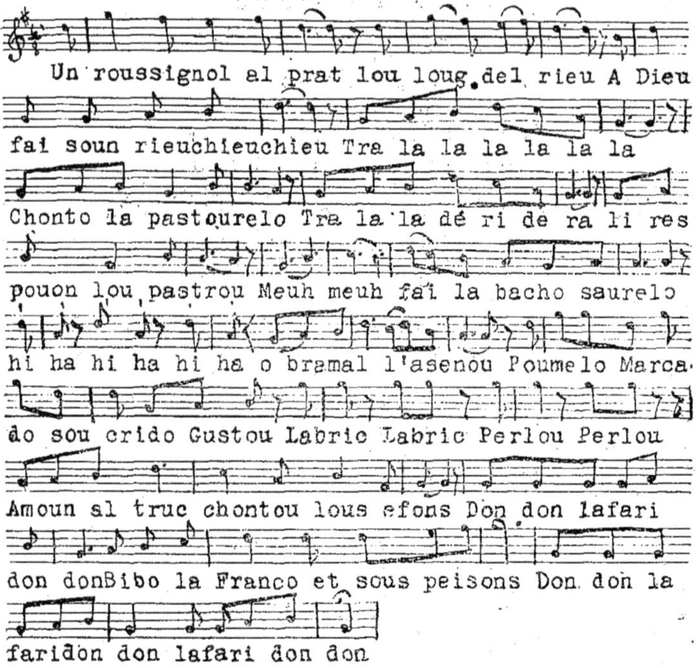


Un roussignol, al prat, lou long del rieu,
A Dieu fai soun rieu chieu chieu.
Tra la la la la la la, chonto la pastourèlo,
Tra la la de ri de ra, li respouon lou pastrou.
Meuh, meuh fai la bacho saurèlo
Hi ha hi ha hi ha o bramat l'asenou.
Poumèlo, Marcado, sou crido Gustou.
Labric, Labric, Perlou, Perlou !
Amoun al truc chontou lous efons
Don don la fa ri don don
Bibo la Franço et sous peisons!
Don don la fa ri don don la fa ri don don.

Cascade de la Bessière (Bagnols).

# LA CHANSOU DEL PAPÈ

Er : *Aînsi font font font les petites marionnettes.*

I

Lou que lou prumiò
Sauprò questo chansouneto,
Lou que lou prumiò
Al Papè la chantarò,
Un bouon poutou li farò
Et li dounarò 'n bobò.

2

Ai un perrouquet,
Que li monco pas de blago,
Ai un perrouquet
Que dis à Roso del Couet :
« Orgulhouso coumo 'n pet,
Anaras beire Gripet. »

3

Quond bei un efon
Que fai souben de caprices,
Quond bei un efon
Ma chabreto li respond :
« Tu meritarios quicon
Abal debès l'os bertron. »

4

« Sucets, chocala,
Dis ma brabo chato negro,
Sucets, chocola,
Aco fai las dents toumba.
Estre gourmans ou cha pas.
Co fai ma de trop manja. »

5

« Per biels debeni,
M'o dich la balhento abelho,
Per biels debeni,
Cha trima, cha bien pati.
Laissat lous fenians langui ;
Lou trabal fai pas mouri. »

6

« D'argent n'i cha be,
Mi diguèt uno fermige ;
D'argent ni cha be,
Mes lou trop co ba pas re ;
Aco garo lou plasé ;
Ples de lahis l'on debé. »

7

« Toutes l'on pot pas,
Sou mi diguèt un biel ase,
Toutes l'on pot pas
A l'Acadèmi dintra.
Ieu m'òu appres à brama,
Mi countente d'aco fa ».

8

La couloumbo dis :
« Efontous, demourat sages ;
La couloumbo dis :
« Cha pas d'or ni de rubis,
L'âmo puro aco suffis
Per gagna lou Paradis.

* * * *

# ROSA

Er : *Il était un avocat, tire lire* (etc.

I

Ieu mi bole marida,
Ou pode be dire, (*bis*)
Ieu mi bole marida,
Mès per aco pouire mi chariò trouba.

2

Sabèt toutes qu'ai bouon gous,
Ou pode be dire (*bis*)
Sabèt toutes qu'ai bouon gous,
Mès ni bole un qu'essie pas fach al rebous.

3

Mi bouliò 'n grond aboucat,
Ou pode be dire, (*bis*)
Mi bouliò un grond aboucat,
Coumo èro 'n pau bègue aco s'es demargat.

4

Mai un famus relougè,
Ou pode be dire, (*bis*)
Mai un famus relougè :
M'auriò trop reclado qu'aco's un poudriè.

5

Un froumajaire atabé,
Ou pode be dire, (*bis*)
Un froumajaire atabé,
Mès, per las sentidos, ieu bale pas re.

6

Se preniò lou courdouniò,
Ou pode be dire, (*bis*)
Se preniò lou courdouniò,
Del cop dins la pejo jusqu'al col sariò.

7

Un pintre m'o dich : Rosa,
Ou pode be dire, (*bis*)
Un pintre m'o dich : Rosa,
Pas qu'uno antro coucho ti bole passa.

8

M'agradabo 'n ramounur,
Ou pode be dire, (*bis*)
M'agradabo 'n ramounur,
Quond ou li diguère, m'o dich : Et ta sur ?

9

A ma plaço, que fariat ?
Ou pode be dire, (*bis*)
A ma plaço, que fariat ?
Coumo ieu, bieilho filho belèu mouririat.

Ermitage de St-Privat (Mende).

# QUOND SAREN GRANDETS

Er : Nostre Senhe m'o 'mbouyat.

I

De que faret, mous droulets,
Bantres quond saret grandets,
Sou demandabo 'no maire,
Un ser que s'anabou jaire,
De que faret, mous droulets,
Bantres quond saret grandets?

2

Lou pus grond to lèu respond :
Ieu bourriò fa 'n peyson
Et mettriò touto ma glorio
A bien fa bale la bouorio ;
Lou pus grond to lèu respond :
Ieu bourriò fa 'n pëyson.

3

Ieu, catè, soui decidat
A mi faire un jour curat ;
Dirai al Dieu de l'houstio
De prouteja ma patrio ;
Ieu, catè, soui decidat
A mi faire un jour curat.

4

Al luen, dis un des droulous,
Pourtarai las tres coulous,
Serbirai dins la marino,
Beirai lou Tounken, la Chino ;
Al luen, dis un des droulous,
Pourtarai las tres coulous.

5

Ieu, moun cur mi dis soubent
De dintra dinc un coubent,
Dis uno brabo drouleto,
En embrassent sa maireto ;
Ieu, moun cur mi dis soubent
De dintra dinc un coubent.

6

Un droulet fort abibat
Diguèt : Ieu farai souldat ;
Se nous declarou la guerro,
Benjarai moun paure pèro ;
Un droulet fort abibat
Diguèt : Ieu farai souldat.

7

Mama, sou dis lou darniò,
Ieu bourriò fa moun nono,
Sente que moun uel si barro
Et d'espera tont n'ai marro ;
Mama, sou dis lou darniò,
Ieu bourriò fa moun nono.

# DROULETS ET DROULETOS

Er : *Sur le Pont d'Avignon.*

I

En bacanços uei sen,
Droulets et drouletos,
En bacanços uei sen,
A la roundo en cur fasen.
Lou que riro lou prumiò
Bite al miech i passarò.

2

Quond auren prou roudat,
Droulets et drouletos,
Quond auren prou roudat,
Anaren culi, pel prat,
De miosotis, de bluets,
Per fa de poulits bouquets.

3

Per lou bon Dieu del ciel,
Droulets et drouletos,
Per lou bon Dieu del ciel,
Pourten-lous à soun autel,
Et demanden à ginous
Que nous garde bien sajous.

4

Piei bendren à l'ousta,
Droulets et drouletos,
Piei bendren à l'ousta,
Demanda nostre gousta.
Lou pus saje aurò 'n bobo,
Lou meschant pas que de po.

5

A mama li diren
Droulets et drouletos,
A mama li diren :
Merci bien ! en li risen,
Et coumo aimo lous poutous,
Bitament l'en faren dous.

6

As debés cha pensa,
Droulets et drouletos,
As debés cha pensa,
Per bien plaire à la mama.
Quond l'escolo durbirò
Tendren pas jamai la couo.

7

Brabes prèses auròu,
Droulets et drouletos,
Brabes prèses auròu
Lous que mai s'apignaròu.
Lous fenians faren bisqua,
D'eles nous pourren mouqua.

8

D'ancien temps nostes grands,
Droulets et drouletos,
D'ancien temps nostes grands
Disiòu as efons fenianis :
Lou trabal co's la santat,
Lou bounur, la libertat.

Ancienne porte d'Ayguespasses (Mende)

# La chansou del Peyri

Er : *Par hasard un jour de foire.*

I

Se bos qu'a la cabaleto
I fasien, poulit neni,
Salto aqui, tu moun Mileto,
Sus ginouls de toun peiri,
Que diren : ioupi. ioupi !
    Cabaleto griso,
    Ioupi ioupi !
Ane zou zou ! despacho-ti !

2

Que boulen, dins la journado,
Del pays fa tout lou tour,
Beire St-Pribat, Ramado,
Challocosto, aimai la Tour,
Hi ioupi, ioupi, ioupi !
    Cabaleto griso,
    Ioupi, ioupi !
Ane, zou zou ! despacho-ti.

3

Mama labo à la ribieiro :
Passaren per l'embrassa,
Trairen, dins l'aigo, 'no peiro,
Per las trouchos fa mouscha.
Hi ioupi, ioupi, ioupi !
    Cabaleto griso,
    Ioupi, ioupi !
Ane, zou zou ! despacho-ti.

4

Fintaren, bès Fountanilhos,
Lou papa que laurarò,
Et del caire de Ramilhos
Lou frairou que gardarò.
Hi ioupi, ioupi, ioupi !
    Cabaleto griso,
    Ioupi, ioupi !
Ane, zou zou ! despacho-ti.

5

Piei partiren bès Maruèjo,
Qu'uei la fieiro si-z-i te.
I faren foulheto et mièjo.
Tu cabalo, auras de fe.
Hi ioupi, ioupi, ioupi !
    Cabaleto griso,
    Ioupì, ioupi !
Ane, zou zou ! despacho-ti.

6

Croumparen uno petito,
Un tambour, un chabalou,
Piei tournaren tout de sjto,
Que cha fa lou soumelhou.
Hi ioupi, ioupi. ioupi !
    Cabaleto griso,
    Ioupi, ioupi !
Que lou mieu neni bo durmi.

7

« Pas encaro » tu mi dises
« Que cha faire un antre cop »,
Per fini, bese que rises,
Anen faire al grond galop,
Al galop, al grond galop.
    Cabaleto griso,
    Op, op, op, op !
Qu'aben semenat un esclop.

# LA CHANSOU DEL FRAIROU

Er : *Nostre Senhe m'o 'mbouyat.*

I

De que farai, ò moun Dieu,
Qu'ai perdut un frairou mieu !
I o praco pas 'n quart d'houreto
Qu'al brès fasiò la trepeto.
De que farai, ò moun Dieu,
Qu'ai perdut un frairou mieu !

2

Que dirò noste papa ?
Si plourarò la mama.
De chagrin mourrò mameto,
Talament sarò moucheto.
Que dirò noste papa !
Si plourarò la mama.

3

Caucus lou m'aurò raubat,
Ou lou loup l'aurò 'mpourtat,
Belèu cauquo bièlho fado
L'o 'ngaffat d'uno gourjado.
Caucus lou m'aurò raubat,
Ou lou loup l'aurò 'mpourtat.

4

Sento Bierjo, ajudat-mi,
Per retrouba aquel neni,
Qu'al pichot Jesus semblabo,
Que de tout soun cur prejabo.
Sento Bierjo, ajudat-mi
Per retrouba aquel neni.

5

Angelou, passo pes chons,
Pes balats, pes trucs, pes rons,
Et de ta bouès claro et douço
Sono-lou pertout à cousso.
Angelou, passo pes chons,
Pes balats, pes trucs, pes rons.

6

Cercat-lou, pichot Jesus,
Que bese amoun pel ciel blu,
Entourat d'anjos à raubos
Bluos, berdos, rosos, maubos ;
Cercat-lou, pichot Jesus
Que bese amoun pel ciel blu.

7

Tè, tè, tè, bese un uelhou
Que bo finta l'angelou.
S'es troubat moun frairou sage :
Ero rescouos jou 'l catage.
Tè, tè, tè, bese un uelhou
Que bo finta l'angelou.

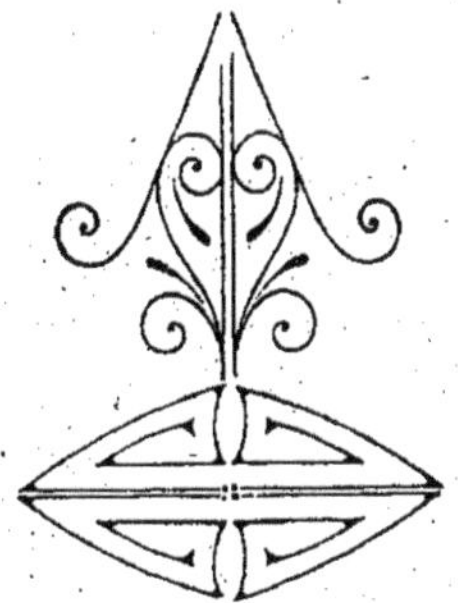

Eglise de St-Préjet-du-Tarn (Les Vignes)

# LOU REIRE GRAN

Er : *Le Couteau.*

1

Se boulet que bous chonte aici,
Escoutat en silenço.
Sarrat-bous efons per ausi,
Co 's à bantres que pense.
Un jour, gronds, metret en pratico
Lous coussels abisats
Del reire grand que noun bargico,
A nounanto ons passats.

2

Efons, toujours soubenèt-bous
Que tout be de la terro,
Que per merita sas fabous
Et estrangla la misèro,
Cha fa trauca nostes araires,
Per qu'à l'autou, lou gro,
Faje brounzi lous biels bentaires,
La rodo del mouniò.

3

S'un paure espelhat de mandiant
Be piqua à bosto pouorto,
Qu'essie pas dich qu'en Gibaudan,
La charitat sio mouorto.
Ouffrissèt-li la retirado,
Et la soupo et la part ;
Se n'abèt, de bi 'no gloupado ;
Que siò countent, quond part.

4

Noste pays, de luen en luen,
Es jalounat de crouses,
Arresto et segno-ti, chrétien.
Laisso fa lous crentouses ;
Demondo à Dieu que ti preserbe
De la grêlo tous chons,
Que la santat la ti counserbe,
Per nourri tous efons.

5

Mespresat lous coufles d'orguel,
Lous feniants, lous jalouses,
Lous parbenguts, lous baturels,
Lous fausses, lous biciouses.
Assarrat-bous del camarado,
Lou paure oubriè bien las,
Courbat jous fais de la journado :
Saluat lou bien bas.

6

Gardat-bous, se siat sons lou sòu,
De fa cauquò fredèno :
Que pren un iou raubarò 'n biou,
Sou nous dis la Fountèno.
Coumo de grapals l'argent salto,
Al que lou gogno ma.
Ba mai passa la testo nalto
Et paure demoura.

7

Et bous dirai, per ni fini,
So que disiò moun paire :
Se bos coumo ieu biel debeni,
Bei-ci ço que cha faire :
Fai coumo aqueles de ta raço :
Pes chons trimo et patis ;
Gardarò sono ta carcasso
L'er fres de notres pis.

Château de Rocheblave (Ispagnac)

# La Nobio

Er : *Lou poutou*

I

Lis del bouon Dieu, ô filho tont aimado,
Song de moun song, orguel de mous biels jours,
Coumo l'aucel, uei quittes la nisado
Qu'i òu cascalhat, à toun cur, las amours.
Bai-t'en al bras del bounhur que ti sono,
Et sèc l'aimat chausit per lou Senhou,
Mès partes pas sons mi faire l'aumôno :
Ou ti rendrai... o douno me 'n poutou.

2

Ah ! de tout cur, mous efons, bous souhète
Que sio son fin bosto luno de mia.
Qu'à bostes uels lou bounur si reflète,
Que la santat essie dins bostre ousta,
Coumo d'aucels passat gaio la bido ;
Imitat-lous, chantat, bequejat-bous,
Qu'uno anjo al brès, per la primo flourido,
Bendrò 'n risen demanda de poutous.

3

Seguèt, efons, de bostes grands la traço;
D'eles gardat las noplos tradicieus.
Al Paradis gardaròu uno plaço
As pichots filhs que prejaròu bien Dieus,
Et que diròu dins la bièlho chazèlo,
Lou front courbat, mati, ser, à ginous :
Senhou, bendren dins la glorio eternèlo
De nostes grands reçaupre lous poutous.

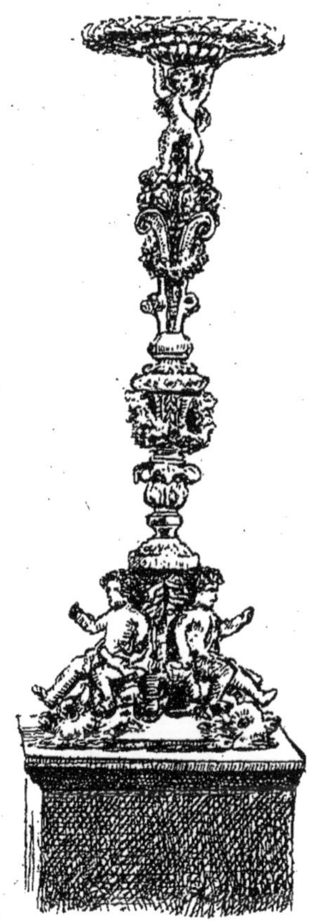

Candélabre de la Cathédrale de Mende.

Ermitage de St-Privat (Vue générale)

# Taulo de las chansous

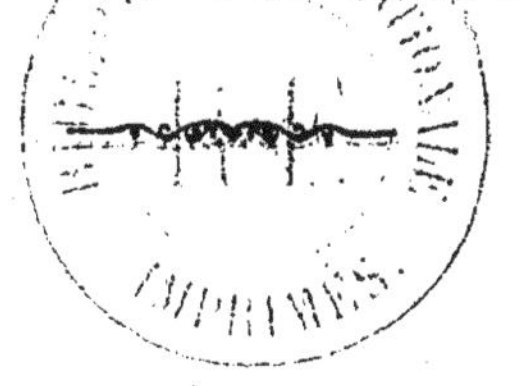

Pages

# ERRATA

Page 116 : Lou Gourmon. Er : *Ah vous dirai-je maman*
Page 249 ; Mouvement de la musique : *Staccato*.

# Table des gravures

Pages

Il a été tiré 50 exemplaires sur papier de luxe numérotés et signés par l'auteur.

Prix : 20 francs.

www.ingramcontent.com/pod-product-compliance
Ingram Content Group UK Ltd.
Pitfield, Milton Keynes, MK11 3LW, UK
UKHW020130220726
13923UKWH00001B/99